「おいしい理由」が
よくわかる

キッコーマン特選

基本の和ごはん

キッコーマン編

小学館

肉じゃが、鶏の照り焼き、きんぴらごぼう……どれもしょうゆがあってこその定番料理です。もしあなたが「いつもなんとなく作っているけど、味はまあまあ」と思っていたとしたら、この本は、あなたの作る料理をもっとおいしくするきっかけになるはずです。

この本では、昔ながらの和食だけでなく、現代の家庭でよく作られている和風のごはんもそろえました。めずらしい料理はあえて外し、その名を聞いたら誰でも想像できるような定番料理だけを厳選しています。そして、レシピがなぜその手順なのか、なぜ味わいを引き出せるのかなどの理由もていねいに解説しまし

た。ぜひ一度はレシピ通りに作ってみてください。そして次は味見をしながら、「あなたの味」で。

おいしい料理ができると、自然と食卓の会話も弾みます。「なんでこんなにおいしいんだろう?」と笑顔になる、そんなひとときを、しょうゆを使ったレシピといっしょにお届けできれば幸いです。

「おいしい記憶をつくりたい。」という私たちキッコーマンの思いを、この一冊で感じてください。

4章 いつもの、とっておきのご飯と麺…144

いちばん身近な調味料のあれこれ、知っていますか？

あらためて、しょうゆの話を少し。

しょうゆの歴史

そもそも「しょうゆ」という言葉が出現したと考えられるのは、室町時代のことです。当初は文化の中心である都があった近畿地方を中心にしょうゆの産地が形成されていました。その後、江戸時代を迎え、経済や文化が江戸を中心に発展するようになり、関東でしょうゆ（こいくちしょうゆ）が盛んに生産されるようになります。しょうゆ生産の中心として発展したのが、生産に適した気候、江戸川・利根川を利用した水運、原料となる大豆・小麦を産する周辺の平野部など、条件に恵まれていた下総国《しもうさのくに》の野田（キッコーマン発祥の地）、銚子でした。

しょうゆの原料と製造工程

しょうゆの主な原料となるのは、大豆、小麦、食塩です。そして大事な役割を果たすのが「微生物」。麹《こうじ》菌、乳酸菌、酵母といった微生物が原料に作用して分解や発酵が促され、麹、もろみへと変化していきます。このもろみを搾った液体を加熱（火入れ）、またはろ過するとしょうゆが完成します。

しょうゆづくりに関わる微生物のうち、最も大切な働きをするのが麹菌です。キッコーマンのしょうゆには長年にわたって大切に受け継がれている「キッコーマン菌」と呼ばれる麹菌が使われています。また、キッコーマンのしょうゆのこだわりの一つは、「本醸造《ほんじょうぞう》」という製法です。しょうゆの製法には大豆と小麦を微生物によって発酵させる本醸造のほか、アミノ酸液などの成分を添加する製法もありますが、キッコーマンは昔ながらの本醸造にこだわり続けています。

しょうゆの種類

ＪＡＳ（日本農林規格）で定められているのは、こいくち（濃口）しょうゆ、うすくち（淡口）しょうゆ、たまり（溜り）しょうゆ、さいしこみ（再仕込み）しょうゆ、しろ（白）しょうゆの５分類です。それぞれに、製法に違いがあり、色も味わいも適した料理も違います。ちなみに、日本で生産されているしょうゆは、８割以上がこいくちしょうゆ。調理にはもちろん、卓上用にも使える万能調味料です。

また、「キッコーマン いつでも新鮮 しぼりたて生しょうゆ」をはじめとする「生《なま》しょうゆ」はこいくちしょうゆの製造工程での最終段階で醸造微生物や酵素の働きを止め、しょうゆの色と香りに深みを付与するための火入れをせずに、ろ過することで除菌のみを行う、まさに「生」のしょうゆです。おだやかな香りとまろやかな塩味が特徴です。

しょうゆの色・味わい

新鮮なこいくちしょうゆの色は、透明感のある明るい赤橙色。しょうゆの発酵・熟成中、もしくは火入れの段階で、原料に由来するアミノ酸と糖が反応を起こし、メラノイジンという褐色の色素が生成されてしょうゆらしい色になります。

また、人間の味覚には生理学的に五味（甘味、酸味、塩味、苦味、うま味）があるといわれますが、しょうゆはこの五味をバランスよく含んでいる調味料です。しょうゆ独特の香り成分は酵母などの微生物の働きによって原料の主成分が発酵・熟成することによって生まれます。しょうゆの香りの中には、りんごや桃、パイナップルなどの果物や、バラといった花などの香りの主成分なども含まれていて、その数は３００種類以上といわれています。

世界で親しまれるキッコーマンのしょうゆ

キッコーマンは１９１７年に野田の醸造家たちが合同して「野田醤油株式会社」を設立し、１９６４年に「キッコーマン醤油株式会社」、１９８０年には「キッコーマン株式会社」と社名を変更して今日に至ります。現在、キッコーマンのしょうゆは、発祥の地の千葉県野田市に加え、兵庫県高砂市、北海道千歳市の国内三工場で生産されています。そして海外でも、１９５７年に米国サンフランシスコに販売会社を設立。１９７３年に米国中西部ウイスコンシン州に工場を建設し、現地生産をスタート。現在は海外の８つの工場でしょうゆを生産し（※２０２４年10月現在）、世界１００カ国以上でキッコーマンのしょうゆが親しまれています。

こいくち（濃口）しょうゆ

日本全国で親しまれているしょうゆ。塩味のほかに、うま味、甘味、酸味、苦味を合わせ持ち、透明感のある明るい赤橙色をしている。調理、卓上用と幅広く使える。

うすくち（淡口）しょうゆ

こいくちしょうゆと比べて、色みが淡く、香りのおとなしいしょうゆで、塩分はこいくちしょうゆよりも１割程度高め。食材の色合いを生かしたい料理に使われる。

たまり（溜り）しょうゆ

色が濃く、とろみと濃厚なうま味、独特の香りが特徴。すし、刺し身、照り焼き、佃煮などに使われる。

さいしこみ（再仕込み）しょうゆ

醸造を二度繰り返すような製法から、さいしこみしょうゆと呼ばれる。食塩水の代わりに生揚《きあ》げしょうゆで仕込むことで、濃厚な味わいに仕上がる。

しろ（白）しょうゆ

うすくちしょうゆよりさらに色みの淡いしょうゆ。淡い色に仕上げるため醸造期間が短く、吸い物や茶碗蒸しなどの料理に使われる。

この本のレシピ表記

計量の基本や水加減、火加減などをまとめました。だしのとり方などについても記載します。

●火加減について

【ガスコンロ】

弱火●コンロの炎がフライパンや鍋の底につくかつかないかくらいの火加減。

中火●コンロの炎がフライパンや鍋の底にちょうどつくくらいの火加減。「強めの中火」とは中火と強火の間くらい。

強火●コンロの炎がフライパンや鍋の底に勢いよく当たり、広がるくらいの火加減。

【油の温度の目安】

低温(160～165℃)

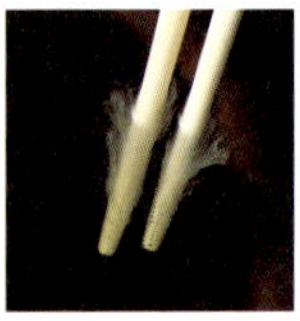

【乾いた菜箸】油に入れると、ひと呼吸おいてから細かい泡がゆっくりと出る状態。

【ころも】1滴落とすと底に沈んでからゆっくり上がってくる状態。

【パン粉・粉類】表面でチリチリとしながらゆっくり動く状態。

中温(170～180℃)

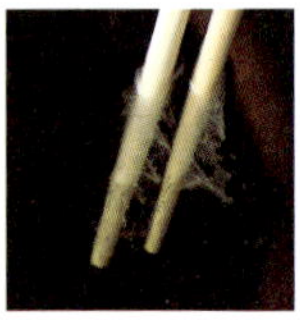

【乾いた菜箸】油に入れると、すぐに細かい泡がシュワシュワと出る状態。

【ころも】1滴落とすと中ほどまで沈んですぐ浮き上がる状態。

【パン粉・粉類】チリチリとしながらゆっくり表面全体に広がる状態。

高温(185～190℃)

【乾いた菜箸】油に入れると、大きめの泡が勢いよく一気に出る状態。

【ころも】1滴落とすとすぐ浮き上がって色づく状態。

【パン粉・粉類】表面全体に勢いよく広がる状態。

●調理器具について

フライパン　特にサイズ表記がないものは直径26cmのコーティング加工のものを使用しています。

鍋　レシピに応じて直径16～20cmのものを使用しています。

●水加減について

ひたひた

材料の表面が水面から出るか出ないかくらいの少なめの水加減。

かぶるくらい

材料の表面が完全に浸るくらいの水加減。

たっぷり

材料を入れたときに吹きこぼれないギリギリの水加減。

●加熱調理について

煮立たせる●水や煮汁が沸騰し、表面から勢いよく泡が出ている状態にすること。

ひと煮立ちさせる●材料を加えるなどで、いったん温度の下がった煮汁が再び煮立つ状態まで短時間加熱すること。

肉の色が変わったら●肉に火が通って、全体の色がむらなく変わった状態(焦げ色はついていない)。

透き通ったら●玉ねぎなどにある程度火が通って、表面に透明感が出てきた状態(完全に火は通っていない)。

ゆでこぼす●食材をゆでてから、ざるにあけて湯を切ること。※本書ではボウルにざるを重ねていますが、シンクにざるを置いて作業してもOKです。

粗熱を取る●あつあつだったものを手でさわれるくらいまで冷やすこと。

一晩おく●おおむね8時間以上おくこと。

●計量について

1カップ……200ml

米1合……180ml(米用計量カップで1カップ・約150g)

大さじ1……15ml

小さじ1……5ml

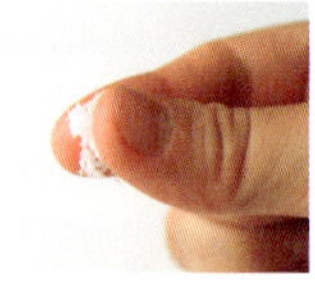

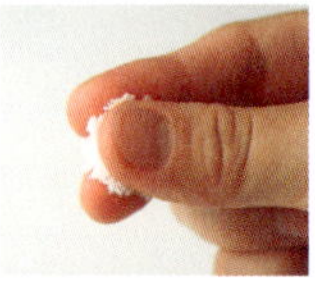

左上/**少々**●親指と人さし指の2本の指先で自然につまんだ分量。小さじ$\frac{1}{8}$程度(約0.6g)。

左下/**ひとつまみ**●親指と人さし指、中指の3本の指先で自然につまんだ分量。小さじ$\frac{1}{5}$程度(約1g)。

【粉末状のものを量る】

右上/**計量スプーン1杯**を量るときは軽く山盛りにしてから、スプーンの柄などですり切る。

右下/**計量スプーン$\frac{1}{2}$杯**を量るときは、1杯分をすり切ってから、スプーンの柄などで筋を入れて余分を落とす。$\frac{1}{3}$杯なども同様。

【液体を量る】

左上/**計量スプーン1杯**を量るときは、表面いっぱいのギリギリまで。

左下/**$\frac{1}{2}$杯**の場合は、底から$\frac{2}{3}$くらいまで入れる。同様に$\frac{1}{3}$杯も底から$\frac{1}{3}$より少し高いところまで入れる。

●食材の分量・重量について

レシピによって同じ食材・同じ単位でも重量が異なります。これは同じ食材でもレシピごとに扱いやすい大きさがあるためです。また、重量の記載がない食材は、多少の差があっても味に影響しないものです。記載の単位分で作ってみてください。

●かえしの作り方

「かえし」とは「煮かえし」の略で、そばつゆ、めんつゆのベースになる調味料です。いろいろな配合がありますが、本書で使っている配合と作り方はこちら。

材料（約250ml分）

本みりん……1/3カップ
しょうゆ……1/4カップ
削り節（花かつお）
……15g
水……1カップ

❶ みりん、しょうゆを煮立たせる
鍋にみりん、しょうゆを入れて中火にかけ、1分ほど煮立たせる（煮立たせることでみりんのアルコール分をとばす）。

❷ 花かつおを入れる
水を加えて再び煮立ったら火を止めてから花かつおを入れ、落ちるまで約2分おく（再び煮立たせて80～90℃にしておくことで、削り節のうまみを引き出せる）。

❸ こす
厚手のキッチンペーパーを敷いた万能こし器をボウルに重ねて❷を注ぎ入れ、包むようにして軽く押さえてこす。

※すぐに使えますが、保存びんに入れて冷蔵庫で2日くらいおくと熟成感が出ます。10日くらいで使い切って。

●だしのとり方

和食の基本である「だし」。いろいろな種類がありますが、この本で「だし汁」とは昆布とかつおでとったものを使用しています。花かつお（花びらのように薄く削ったかつお節）がおすすめ。

材料（約500ml分）

昆布（利尻昆布）
……5g（5×10㎝くらい）
削り節（花かつお）
……10～15g
水……3カップ

❶ 昆布のだしをとる
鍋に、水、乾いたキッチンペーパーで汚れを拭いた昆布を入れ、弱火にかける（湯気が出て、鍋底に細かい泡が浮いていれば、理想的な70～80℃が保たれている証）。10分ほどしたら昆布を取り出す（入れたままだと、雑味や粘りが出て、汁がにごってしまうので注意）。

❷ かつおのだしをとる
❶を沸騰させない程度の強火で2～3分加熱する（85℃前後が理想）。煮立つ直前に花かつおをもみほぐしながら広げ入れ、すぐに火を止める。花かつおが落ちるまで、そのまま約2分待つ。

❸ こす
厚手のキッチンペーパーを敷いた万能こし器をボウルに重ねて❷を注ぎ入れ、少しずつこす。自然に落ちるのを待ち、こし終わりは絞らず軽く押さえる。

※保存びんに入れて冷蔵庫で3日くらいストックできます。

これぞ！しょうゆの和ごはん

1章

しょうゆを使った和のメニューだったらこれ！という六品をキッコーマンが選びました。ふだんなんとなく作業している工程も、その理由が分かると理解が深まり、「やってみよう」と思えるはず。一段上のおいしさを堪能してください。

肉じゃが

肉じゃがは、じゃがいもを先に炒め、肉を後から加えることがポイントです。この順で作ると、野菜のうまみを引き出しつつ、肉がやわらかく煮上がります。また、肉には下味をつけておくと、素材の味ごとにメリハリが出て、飽きのこない味わいになります。仕上げは冷ましながら、余熱で味をじっくりしみ込ませて。

肉より先に
じゃがいもから
炒めます

1 豚肉に下味をつける

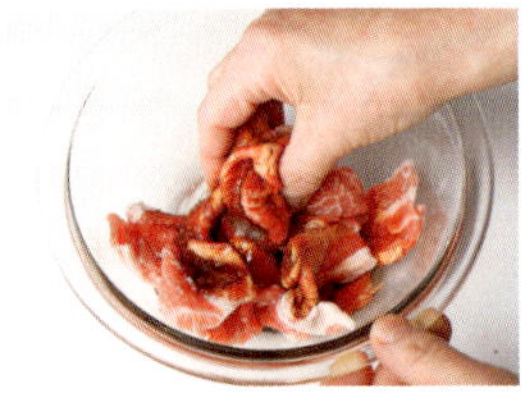

豚肉は大きければ7cm長さに切る。ボウルに肉と下味の材料を入れて手でもみ込む。ⓐ

材料（2～3人分）

じゃがいも……3～4個（400g）
豚肩ロース肉（薄切り）
……150g
玉ねぎ……1個（200g）
にんじん……$\frac{1}{2}$本（80g）
●下味
砂糖……大さじ1
しょうゆ……大さじ1
●煮汁の調味料
砂糖……大さじ1
本みりん……大さじ3
しょうゆ……大さじ3
サラダ油……大さじ1

2 野菜を切る

じゃがいもは皮をむいて2～4等分に切り、水にさらす。玉ねぎは8等分のくし形切りにする。ⓑ にんじんは皮をむいて8mm幅のいちょう切りにする。

3 じゃがいも、玉ねぎを炒める

鍋に油を入れて中火で熱し、水けを拭いたじゃがいもを転がすようにして30秒炒める。玉ねぎを加え、2分炒める。ⓒ

ⓐ 手でもみ込むとよくなじみます

肉に下味をつけるときには、手でしっかりもみ込むとよく味が入ります。こうすると肉と野菜の味わいの違いが際立ち、メリハリのきいた仕上がりに。

ⓑ 玉ねぎは大きめのくし形切りに

玉ねぎの甘みも大事な要素。大きく切ることで、甘みをしっかり引き出すことができます。くし形切りにする際には、お尻の部分を切り離さず、つながったままにしておくと、仕上がりもきれいです。

ⓒ はじめに炒めるのはじゃがいもだけ

まずじゃがいもだけをしっかり炒めます。転がして表面を油でコーティングするようにするとじゃがいもの温度が上がって香りが立ち、うまみをしっかり引き出せます。次に、玉ねぎを加えて炒めると、甘みが加わり、肉じゃがの味のベースになります。

ⓓ じゃがいもの熱で肉に火を通します

じゃがいもの熱を利用して、肉にゆっくり火を通すことで、やわらかく仕上がります。じゃが

4 肉、にんじんを加える

3の上に肉を広げながら加えて、さらに炒める。肉の色が変わったら、にんじんを加えて油をからめる程度に軽く炒める。d

5 煮立たせてアクを取る

水1カップを加えたら強火で煮立たせて、アクを取る。e

6 調味料を加える

煮汁の調味料を加え、再び煮立ったら、水でぬらして軽く絞ったキッチンペーパーをかぶせる。少しずらしてふたをし、弱めの中火で12〜15分煮る。f

7 蒸らす

火を止めてコンロから下ろし、ふたをしたまま10分ほど蒸らす。g

1/3量で
熱量 335kcal　塩分 2.9g

調理時間　約30分

※調理時間に蒸らす時間は含まず。

いもが熱くなっていることを確認して、肉を広げるようにして加えましょう。じゃがいもは表面が透き通ってきたら、しっかり加熱できている証です。

e ぐつぐつ煮立たせるのが大事

中途半端な煮立たせ加減ではアクが出てきません。一度しっかりとぐつぐつとさせるようにして煮立たせます。こうすることでアクがまとまって、取り除きやすくなります。

f 「ずらしぶた」で味なじみを加速

ふたをずらして煮込むと、煮汁を全体にいきわたらせながら、水分が適度に蒸発するため、調味料が濃厚な状態で素材にしみ込んでいきます。煮くずれしやすいじゃがいもに短時間でしっかり味をなじませたいときには有効です。

g 冷めていく間にさらに味が入ります

コンロから下ろしておいておく最後の蒸らしも調理の一つです。味の入りにくいいも類は冷めていく時間を活用するとしっかり味がしみ込みます。

覚えておいて　にんじんの代わりにしらたきを使うと、かさ増ししながらカロリーオフすることができます。

鶏の照り焼き

鶏の照り焼きは、焼いてたれをからめるシンプルな料理ですが、火の通し方で仕上がりが変わります。上手に仕上げる方法は、皮の面をしっかり焼き、肉の7割に火が通ったら、肉を返してたれをからめ、煮るように火を通すこと。こうすると驚くほどやわらかくジューシーに仕上がります。厚みを均一にするなどの肉の下処理のひと手間も大切です。

焼くのは片面だけ。
たれを加えた後は
煮るイメージで

材料（2人分）

鶏もも肉……1枚（250g）
ピーマン……2個
小麦粉……大さじ1
●たれ
　しょうゆ……大さじ$1\frac{1}{2}$
　本みりん……大さじ2
サラダ油……小さじ2

1 鶏肉の下処理をする

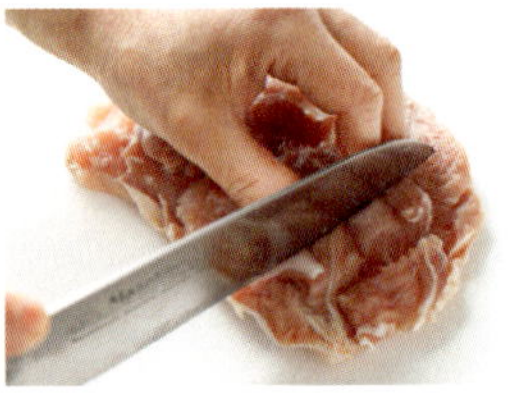
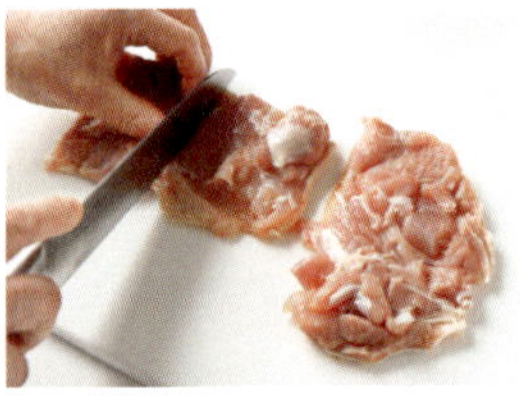

鶏肉は皮の下や肉と肉の間にある余分な脂肪を除いて、皮目を下にして置き、白い筋の部分に1cm間隔で浅い切り目を入れて筋を切る（冷蔵庫から出してすぐの冷えた状態だと作業しやすい）。厚い部分は包丁を寝かせて入れ、そぐように切り目を入れて開き、厚みを均一にして4等分に切る。ⓐキッチンペーパーをかぶせ、余分な水分を取る。

2 小麦粉をまぶす

バットに肉を置き、小麦粉をふってまぶす。余分な粉をはたいて均一に薄くつける。ⓑ

3 ピーマンを切る・調味料を合わせる

ピーマンはお尻のほうから包丁を入れて縦半分に切り、種を除いてさらに縦半分に切る（こうすると種が飛び散りにくい）。器にたれの材料を合わせておく。

ⓐ マイナスの要素を取り除きます

下処理は大事なポイントです。鶏肉の皮の下の黄色っぽくブヨブヨした脂肪を取り除くことでくさみが減り、味なじみもよくなります。筋を切り、厚みを均一にするのは、焼き縮みを防

4 肉とピーマンを焼く

フライパンに油を入れ中火で2分ほど熱してから、肉を皮目を下にして、しっかりフライパンに皮がふれるようにして置く（熱してから肉を入れるとしっかり焼き色がつく）。ピーマンは外側を下にしてフライパンの余白を埋めるように入れる。c

5 ピーマンを先に取り出す

肉の下の面から5㎜くらいまで色が変わり、皮に焼き色がつくまで4～5分焼く（最初の3分間はさわらない）。ピーマンは焼き色がついたら上下を返し、ひと焼きして先に取り出す。

6 肉を返してたれを入れる

肉を返し、たたんだキッチンペーパーで余分な脂を半量くらい拭き取る。フライパンの中央をあけて、たれを入れる。d

7 たれを煮からめる

たれが煮立って、とろみが出てきたら、火加減を調整しながら3～4分、肉にたれをからめる。たれが大さじ2程度残るくらいで火を止める（水けが足りなくなったら、水か酒を足して調整する）。ピーマンとともに器に盛って、残ったたれをかける。

1/2量で
熱量 330kcal　塩分 2.1g
調理時間　約20分

ぎ、むらなく火を通すため。下処理をしている間に肉が室温に戻ることでも、肉の中心まで火を通しやすくなります。

b 「小麦粉まぶし」は利点多し
小麦粉をまぶすことは、火の当たりがやわらかくなる、肉のうまみが出ていかない、たれのからみを助ける、仕上がりにつやが出るなど利点がいろいろ。余分な粉をはたいて薄くつけると、焼きむらがなく、見た目もきれいな仕上がりに。

c 野菜をいっしょに入れて蒸す効果を
肉のまわりに野菜を置いて焼くと、野菜の水分で「蒸す」効果を得られ、肉をふっくらと焼けます。また、フライパンにすき間がないほうが温度が均一に上がり、焼きむらを防ぎます。

d 火の入れ方がおいしさの分かれ目
肉を返してからたれを入れるまでは火を通しすぎないようスピーディに。ここからは「焼く」のではなく「煮る」イメージで。フライパンの中央をあけてたれを直接入れると、短時間でたれの温度が上がり、香ばしさが加わります。

覚えておいて　鶏肉の余分な脂肪を取り除くのはカロリー減にもつながります。

筑前煮

筑前煮は、素材ごとのうまみを濃縮させることでおいしく仕上げる料理です。そのために、まず肉と野菜を別々に調理し、各素材を焼くことでしっかりとうまみと香りを引き出します。鶏肉、ごぼう、しいたけからのうまみがベースとなり、だしを使わなくても十分おいしく仕上がります。焼くことが重要なので、フライパンでの調理がおすすめです。

焼くことで
うまみと香りを
引き出します

1 鶏肉の下準備をする

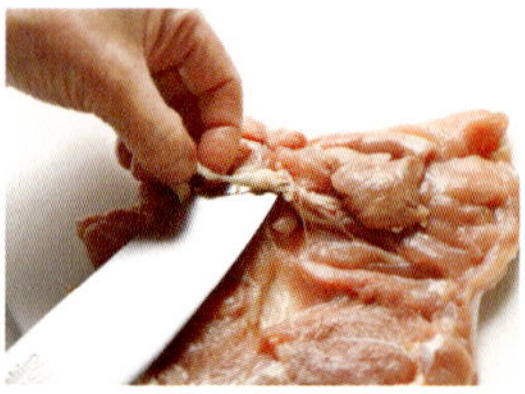
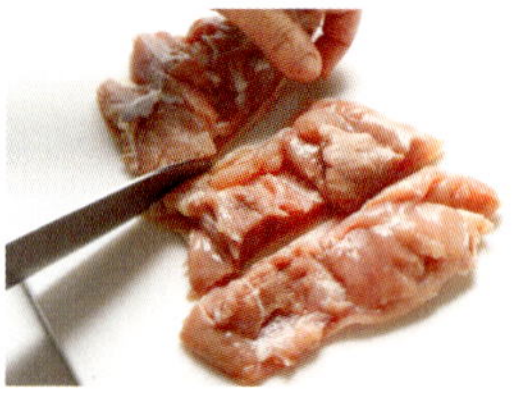

鶏肉は皮の下や肉と肉の間にある余分な脂肪を除く。ⓐ 6〜8等分に切って皮目を下にしてバットに広げ、塩をふり、上下を返してなじませる。

材料（3〜4人分）

鶏もも肉……1枚（250g）
ごぼう……150g
れんこん……150g
こんにゃく……150g
にんじん……1/2本（80g）
干ししいたけ……4〜5枚（15g）
●煮汁
　水……1カップ
　干ししいたけのもどし汁
　　……1カップ
　砂糖……大さじ1
　しょうゆ……大さじ3
　本みりん……大さじ3
ごま油……大さじ2
塩……小さじ1/4

2 干ししいたけの下準備をする

干ししいたけは軸を切り落とし、ぬるま湯2カップに1〜2時間浸けてもどし、2〜3等分に斜めに切る（こうすると表面積が増えてしっかり味が入る）。もどし汁はとっておく。

3 こんにゃくの下準備をする

こんにゃくはスプーンで大きめの一口大にちぎり、熱湯で2分ゆで、ざるに取り出す。ⓑ

4 野菜を切る

ごぼうはたわしでこすりながら洗って、黒い汚れをスプーンでこそげ落として乱切りにし、水に5分さらす。れんこん、にんじんは皮をむいて、ごぼうよりひとまわり大きめの乱切りにする。ⓒ

5 肉を焼く

フライパンに半量のごま油を熱し、中火で皮目から肉を焼く。表裏2分ずつ焼いたらバットに取り出す。ⓓ フライパンに残ったごま油はキッチンペーパーで軽く拭く。

ⓐ くさみのもとを取って下味をつけます

黄色っぽい余分な脂肪はくさみにつながるため、ていねいに取り除きます。

ⓑ こんにゃくに味をなじませるために

味の入りにくいこんにゃくは、包丁で切らずスプーンでちぎることで表面積が増え、味のなじみがよくなります。ゆでる理由は2つ。アクを抜いて特有のにおいを取るためと、水分を抜くためです。水分を抜くことで味がしみ込みやすくなります。最後にざるに上げてそのまま乾かすのも、水分を抜くためです。

ⓒ ごぼうを水にさらす理由

6 野菜を焼く

残りの油を足して中火で熱し、ごぼうを入れて軽く混ぜて油をなじませたら、れんこん、こんにゃくも順に加えて軽く混ぜて油をなじませる。さわらずに2分焼いたら、2～3分炒める。e

7 煮る

しいたけ、にんじんを加えてひと混ぜしたら煮汁の材料を加える。煮立ったら水でぬらして軽く絞ったキッチンペーパーをかぶせ、少しずらしてふたをして中火で10分煮る。f

8 肉を加える

肉を加え、バットに残った汁も加える。水でぬらして軽く絞ったキッチンペーパーをかぶせ、少しずらしてふたをして、さらに10分煮る。

9 蒸らす

軽く上下を返したら火を止めてコンロから下ろし、ふたをして10分ほど蒸らす。g

1/4量で
熱量 251 kcal　塩分 2.1 g

調理時間　約50分

※調理時間に干ししいたけをもどす時間は含まず。

ごぼうは料理によって水にさらす場合とさらさない場合があります。特有の香りが強く、また、アクが多いために煮汁が黒くなってしまうので、多くの食材と調理する場合には、水にさらしておきます。れんこん、にんじんをごぼうよりひとまわり大きく切るのは、ごぼうは火が通りにくいからです。

d 鶏肉は半分火を通すイメージで

後で煮るときにさらに火が入るので、ここでは火を通しすぎないようにします。

e 野菜一つ一つを大切に調理します

それぞれの野菜の香りとうまみを引き出すために、炒める前に焼くことが大事です。

f 「ずらしぶた」で煮て味をしみ込ませます

ふたをずらす理由は、水分をとばしながら煮ることで濃厚な煮汁にし、味をしっかりしみ込ませたいからです。

g コンロから下ろして蒸らします

蒸らしながらゆっくり冷ますことで、味が食材にさらにしみ込みます。

覚えておいて　塩分を控える場合は、しょうゆを大さじ2にして、仕上げに水溶き片栗粉でとろみをつけると、味の物足りなさを感じにくくなります。

ぶり大根

ぶり大根の主役はあめ色になった大根です。大事なのは煮方。まず最初に大根だけをやわらかく煮て、その後ぶりを加えて煮ることで、うまみがしっかり大根に入ります。ぶりは下味をつけておいて煮る時間を短縮し、やわらかく仕上げます。酒、みりんとしょうがの効果で魚のくさみを抑えれば、完璧な仕上がりに。

大根には
味をじっくりしみ込ませ、
ぶりは短く煮込んで
ふっくらやわらかく

材料（2～3人分）

ぶり（切り身）
……2～3切れ（300g）
大根……$\frac{1}{2}$本
（皮をむいて500g）

●下味
- しょうゆ……大さじ2
- 砂糖……小さじ1
- しょうが……1かけ

●煮汁用
- 本みりん……$\frac{1}{4}$カップ
- 酒……$\frac{1}{3}$カップ
- 砂糖……大さじ3
- しょうゆ……大さじ2
- しょうが……1かけ

1 ぶりに下味をつける

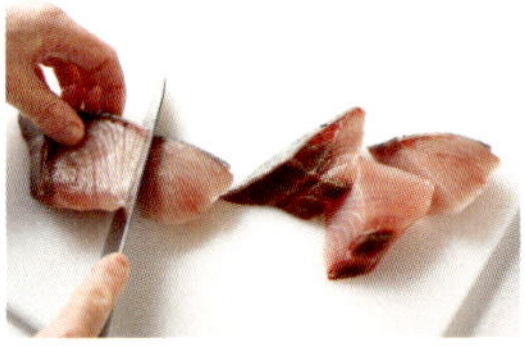

下味、煮汁用のしょうがは皮つきのまま薄切りにする。ぶりは2～3等分に斜めに切る。ⓐ ボウルにぶりを入れて下味の材料を加えてからめ、20分おく。

2 大根を切る

大根は皮をむき、ぶりと大きさが同じになるよう2～2.5cm厚さの半月切りにする。太い部分を使うときはいちょう切りにする。

ⓐ 表面積を増やす切り方を

ぶりを斜めに切る理由は、表面積を増やして下味をしっかりなじませたいからです。しょうがは皮つきで使うことで、血合いが多く生ぐささを感じやすい魚のくさみをしっかり取ることができます。

ⓑ 調味料を入れたらまずひと煮立ち

煮汁の材料を加えた後にもう一度煮立たせるのは苦みにつながる余分なアルコール分をとばすためです。煮汁を無駄に吸い上げないよう、キッチンペーパーはぬらして軽く絞っておきましょう。

ⓒ ぶりは後から加えます

ぶりは先に煮ている大根から熱をゆるやかにもらうことでふっくらと煮上がります。

3 大根を煮る

鍋に大根と水2カップを入れ、中火にして煮立たせる。アクを取り、煮汁用の材料を入れて再び煮立たせる。水でぬらして軽く絞ったキッチンペーパーをかぶせて20分煮る。ⓑ

4 ぶりを加える

キッチンペーパーを取って大根を軽く端に寄せてぶりが入る場所を作り、ぶりを置いたらボウルに残った汁としょうがも加える。ⓒ

5 さらに煮る

再び水でぬらして軽く絞ったキッチンペーパーをかぶせ、軽く鍋をゆらして煮汁を全体になじませる。ふたをせずに20分煮る。さらにキッチンペーパーをはずし、煮汁が$1/3$になるまで煮て火を止める。

$1/3$量で
熱量 354kcal　塩分 3.1g

調理時間　約50分

※調理時間にぶりに下味の材料をからめておいておく時間は含まず。

覚えておいて　小松菜などの青菜をゆでて添えるとあっさりといただけます。

卵焼き

卵焼きは、脂肪の多い卵黄と水分の多い卵白を、空気を入れないようにしてしっかり混ぜ合わせてから焼くと美しい仕上がりになります。失敗しないコツは2つ。砂糖を多めに入れて卵液に粘性を持たせゆっくり火を通すことと、卵を多めに使うことです。これにより焼きむらを防ぎ、折りたたむ回数も3～4回になるので、焼いている途中でのリカバリーがしやすくなります。

卵は、
「2つの素材」と考えて。
しっかり混ぜた
卵液で焼きます

材料（13×18cmの卵焼き器1台・2人分）

卵……4個
●**卵液の調味料**
- 砂糖……大さじ2
- 酒……大さじ1
- しょうゆ……小さじ2

サラダ油……大さじ1～適量

1 卵をよく混ぜる

ボウルに卵を割り入れる。箸で卵黄をつぶしたら、箸先をボウルの底につけて30～40回ほど左右に動かし、泡立てないようによく混ぜる。ⓐ 卵液の調味料を加えてさらに同様に混ぜ合わせる。

2 卵焼き器に油を薄く塗る

折りたたんだキッチンペーパーに油を吸わせる。卵焼き器を強火にかけ、キッチンペーパーの油を何度か薄く塗り、角までなじませる。卵液を1滴落としてジュッというまで加熱する。

3 1杯目の卵液を焼く

中火にし、おたま1杯分の卵液（50ml）を流し入れ、卵焼き器を動かし全体に広げて焼く。火加減が強いと感じたら、卵焼き器を火から少し外して調節する。ⓑ 表面が乾いてふくらんできたら箸でつついて穴をあける（穴をあけることで火の通りすぎが防げる）。

4 手前に折りたたむ

卵焼き器を下から持つ。ⓒ 上下にふるように動かしながら、箸やへらを使って卵を手前に向かって三つ折りにたたむ。

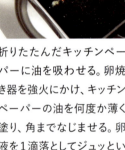

5 奥へスライドさせて、卵液を追加して繰り返し焼く

たたんだ卵を奥へスライドさせる。油を吸わせたキッチンペーパーで卵焼き器についた焦げを拭き取りながら油を塗る。卵液を1滴落としてみて、熱くなっていることを確認したら卵液を入れ、スライドさせた卵の下や脇にもいきわたらせ、全体に広げて焼く。卵液がなくなるまで一連の作業を繰り返して厚くしていく。d

6 冷ましながら形を整える

卵焼き器を裏返すようにしてアルミホイルの上に卵を取り出す。しっかり包んで形を整えたら、30分ほど冷ます。e

1/2量で
熱量 201kcal　塩分 1.2g

調理時間　約20分

※調理時間に冷ます時間は含まず。

---

a 卵の混ぜ方のコツ
脂肪分の多い卵黄を先につぶし、細かくほぐすようにして卵白と混ぜると、よく混ざります。このとき箸先はボウルの底に当てたままにして泡立てないのが肝心。卵液に空気が入ると、火の通りが均一にならないからです。

b 火加減は一定で
卵焼き器を火から外すようにして熱の入りを調整すると、安定した加熱で固まり具合を一定にしやすくなります。

c 卵焼き器の持ち方
卵焼き器の持ち手を下から持つと上下に安定してふることができます。

d ここでも火加減は変えない
卵が重くなってくるとたたむのに時間がかかってしまいます。焦げそうになったら中火のまま、卵焼き器を火から外して作業すると火の通りすぎを防げます。

e 冷ましながら形を整えます
あつあつのうちに包むと余熱で卵がほどよく固まり、しっとりしたまま形よく仕上がります。

覚えておいて　卵焼きを小さく切って、チャーハンや炒め物の具材に使うのもおすすめです。

すき焼き

「すき焼き」は鍋料理と違い、肉とそのほかの具材をそれぞれに適した加熱の加減で味わう料理です。鉄鍋を使って牛脂でねぎを焼き、砂糖をからめながら牛肉を焼き、ほかの具材を加えて割り下で煮るという三段階で味を重ねることで深い甘みと香ばしい味わいに。煮詰まったら、水ではなくうまみのある昆布水を足す。このひと工夫で最後までおいしく食べられます。

「焼く・焼く・煮る」の三段階調理で極上のおいしさに

1 昆布水を作る

ボウルに昆布水の材料を入れ、30分以上おく。ⓐ

材料（4人分）

牛肉（すき焼き用）
……300～400g
ねぎ……2～3本
生しいたけ……8枚
木綿豆腐……1丁（300g）
しらたき……300g
春菊……200g
牛脂……20g
卵……4個
●割り下
　しょうゆ……$\frac{1}{2}$カップ
　本みりん……$\frac{1}{2}$カップ
　酒……$\frac{1}{2}$カップ
●昆布水
　昆布（5×5㎝）……2枚
　水……$\frac{1}{2}$～1カップ
　酒……$\frac{1}{2}$カップ
砂糖……大さじ2～3

2 具材の下準備をする

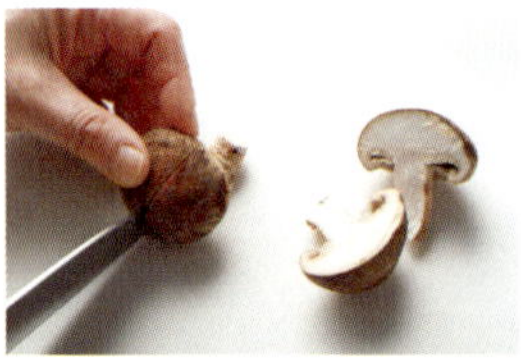

春菊は水をはったボウルで30分ほど水揚げし、葉はちぎり、茎は5㎝長さに切る。ねぎは3㎝幅の斜め切りにする。生しいたけは石づきを切り落とし、縦半分に切る。しらたきは食べやすく切り、熱湯で3分ゆで、ざるに上げる。豆腐は8等分に切り、キッチンペーパーを敷いたバットに置いて軽く水切りする。ⓑ

3 割り下を作る

鍋に割り下のみりん、酒を入れ、中火で煮立たせる。ⓒ
火を止めたらしょうゆを加える。

4 牛脂でねぎを焼く

鉄鍋を中火で熱し、牛脂を入れて溶かす。ねぎの半量を入れて動かさずに両面を焼く。ⓓ

ⓐ 昆布水はうまみの補填役
30分以上おいてうまみを引き出すため、先に作っておきます。水で薄めるよりも味がぼやけずに、うまみを補強しながら割り下を薄めることができます。半量を酒にすることで沸点が下がり、肉が硬くなりにくいという効果も。

ⓑ 具材の下ごしらえにもそれぞれ理由が
春菊は根元を水に浸すと葉がパリッとし、薬味的な苦みと香りが引き立ちます。ねぎは大きめに切るとじっくり焼いて香りを出すことができます。しらたきをゆでるのは脱水とアクを抜くことで、煮汁のうまみを吸いやすくするため。豆腐は大きめに切ると煮くずれしにくくなります。

ⓒ しっかり煮立たせてアルコール分をとばします
しょうゆ、みりん、酒が「1：1：1」の割り下は、アルコール分が多い

5 砂糖をからめながら牛肉を焼く

ねぎを端に寄せ、あいたところに砂糖を広げる。砂糖を少し焼いて油に溶かし、上に牛肉の半量を入れてからめながら焼き、色が変わり始めたらねぎの上にのせる。e

6 具材を入れる

豆腐、しいたけを入れて、しらたき（各1/3〜1/2量）を豆腐と離して入れる。f

7 割り下を加えて煮る

割り下を具材が半分浸るくらい注いで、ときどき煮汁をすくってかけながら5分煮る。途中で春菊の茎（1/3〜1/2量）を入れ、食べる直前に葉（1/3〜1/2量）を上に重ねるように入れる。 溶き卵につけて食べる。

8 2回目を作り、昆布水で調整する

1回目の具材をすべて食べきってから、ねぎ、肉、ほかの具材を順に広げ入れ、具材が浸るくらいに割り下を足して2回目を煮る。g 味が濃かったり、煮詰まったりしていたら、昆布水を足して調整する。

1/4量で
熱量 562kcal　塩分 3.7g

調理時間　約30分

※栄養計算値は煮汁を80%摂取した場合の値。調理時間に昆布水を作る時間、春菊を水揚げする時間は含まず。

ので、みりんと酒は一度しっかり煮立たせて、アルコール分をとばして苦みが残らないようにします。しょうゆに火を通す必要はないので、火を止めてから加えます。

d 牛脂とねぎで味のベースを
牛脂でねぎをしっかり焼くことで、すき焼きらしい香りと甘みが出ます。ねぎは動かさないことで、しっかりとした焼き目がついて香ばしくなります。

e 牛肉は早めにねぎの上へ
はじめは砂糖だけを少し加熱し焦がすと、コクのある甘さに。肉を加えたら絶えず砂糖とからめながら、甘み、苦み、香りを引き出すように焼きつけます。肉をねぎの上にのせることで、火の通りすぎを防ぎます。

f 具材の配置も役割を考えながら
煮汁の水分を調節しながらうまみを吸う役の豆腐としらたきは、離して加えます。

g 2回目はすべての具材を食べきってから
具材がまだ残っているのに追加すると、中の具の火の通りや味のからみがまちまちになってしまうので避けて。

覚えておいて
割り下のみりんを減らして、甘さ控えめにするのもあり。
その場合は酒を増やして全体の水分量を保つようにします。

飽きることのない主役のおかず

2章

照り焼きに煮物、そして炒め物など、繰り返し作りたい和のおかずを肉、魚、野菜でずらり。どれも食材としょうゆのおいしさを最大限に引き出すレシピです。自然と料理上手になれるコツをたくさん盛り込んでいますから、ぜひ挑戦してみてください。

鶏のから揚げ

小麦粉と片栗粉、2つの粉を使って ふっくらカリッと

鶏のから揚げの「外はカリッと、中はふっくらジューシー」とした完璧な食感を生むためのポイントは、「肉の水分保持」「2種類の粉」「仕上げに高温にする」です。肉を大きめに切り、卵や砂糖を使って水分をしっかり保持して、小麦粉と片栗粉の2つを順にからめます。温度をうまく調整しながら揚げれば、驚くほどの仕上がりに。

$\frac{1}{3}$量で
熱量 475 kcal　塩分 2.4 g

調理時間　約 30 分

材料（2〜3人分）

鶏もも肉……2枚（450〜500g）
小麦粉……大さじ4
片栗粉……$\frac{1}{2}$カップ

●下味

- 砂糖……小さじ2
- しょうゆ……大さじ$2\frac{1}{2}$
- しょうがのすりおろし……1かけ分
- 溶き卵……$\frac{1}{2}$個分

揚げ油……適量
あればリーフレタス……適宜

1 鶏肉を切る

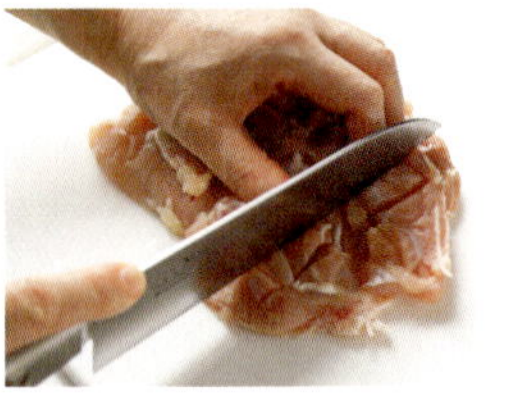

鶏肉は皮の下や肉と肉の間にある余分な脂を除いて、皮目を下にして置き、白い筋の部分に1cm間隔で浅い切り目を入れて筋を切る（冷蔵庫から出してすぐの冷えた状態だと作業しやすい）。1枚を6等分に斜めに切る。
ⓐ

2 調味料をもみ込む

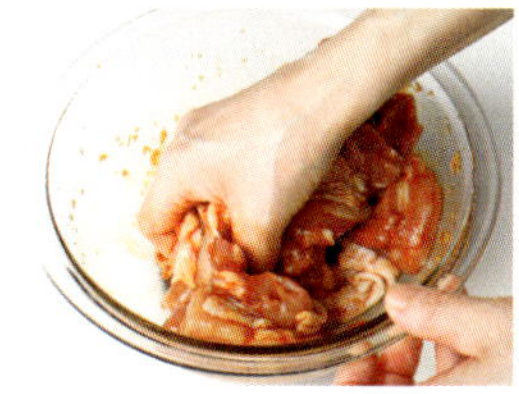

ボウルに肉を入れて下味の材料を加える。ⓑ 水分が少なくなるまで1分ほどしっかりともみ込む。

3 小麦粉をもみ込む

小麦粉をふり入れて、よくもみ込んで10分ほどおく。ⓒ

4 片栗粉をからめる

片栗粉をふり入れて、ざっくりとからめる。ⓓ

5 揚げる

油をフライパンに1cmほど入れる。中火で5分ほど熱し、170℃（油に落としたころもが表面でゆっくり広がるくらい）になったら、**4**の肉を軽くにぎるようにしてころもを定着させながら全量入れる。温度が下がるので強めの中火にして、さわらずそのまま2～3分揚げる。上下を返してさらに油の泡が小さくなるまで2～3分揚げる。

6 高温で揚げる

火を強めて、1～2分、ときどき肉を持ち上げて空気にふれさせるようにしながら揚げる。ⓔ 油を切って取り出す。器に盛って、あればリーフレタスを添える。

ⓐ 斜めに切って表面積を増やします

肉を斜めに切る理由は、表面積を大きくしてカリッとしたころもがたっぷりついたから揚げにするためです。

ⓑ それぞれの調味料の役割

しょうがはくさみ消しと味のアクセントに。しょうゆは塩けのほかにうまみもあるので味のベースになり、加熱されることで香ばしさも加えます。砂糖は味の奥行きを出すほかに、水分を抱き込んでふっくら感を出します。卵はそれ自体がうまみと水分になるだけでなく、たんぱく質が粉と肉とのつなぎ役にもなります。

ⓒ 水分とうまみをグルテンの力で閉じ込める

小麦粉をもみ込む理由は、水分とうまみを閉じ込めるため。肉にもみ込んだ調味料を小麦粉で固めるようなイメージです。水分によって小麦粉のグルテンが形成され、粘りが生まれ、肉の表面にしっかりところもの下地を作ります。

ⓓ 不均一なころもで大丈夫

カリッと揚げるための片栗粉です。グルテンのない片栗粉は、水分を放していくので、食感が軽くなります。ざっくりとからめ不均一な状態でOKです。

ⓔ 水分をとばすための工夫

揚げるという調理は、食材から水分を抜く作業。高温にすることと、ときどき肉を持ち上げて空気にふれさせることで表面から水分が抜けます。こうして油の中と空気中の両方で水分を抜くことで、カラッと揚がります。

覚えておいて　余分な脂肪を2～3カ所取るだけでも80～100kcal減（※鶏皮換算）できるので、ていねいな下処理はメリット大。

ぶりの照り焼き

ぶりのくさみ取りには「酒洗い」を、火は通しすぎないことも大事

上手に仕上げるためには、ぶりのくさみをしっかり取り、火を通しすぎないことです。くさみのもとは皮、血合いの２カ所なので、「酒洗い」でくさみを除き、焼くときはフライパンを温めすぎずに、片面だけを焼きます。返すときに皮をしっかり焼くひと手間を。煮汁には酒やみりんを多めに使い、沸点を下げて早めに煮立たせることでふっくらとした仕上がりになります。

$^1/_2$量で
熱量 305kcal　塩分 1.4g

調理時間　約20分

材料（2人分）

ぶり（切り身）……2切れ（200g）
大根おろし……適量
●合わせ調味料
　本みりん……大さじ2
　しょうゆ……大さじ1
　酒……大さじ1
小麦粉……大さじ1
酒……小さじ2
サラダ油……小さじ2

1 酒洗いをする

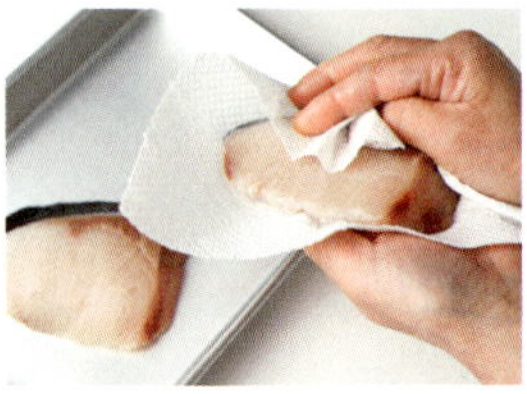

ぶりはしみ出たくさみのある水分をキッチンペーパーで拭き取ってバットに入れ、酒をふって皮面や側面までまんべんなくからめ、5〜10分おく（酒洗い）。キッチンペーパーで水分をよく拭き取る。ⓐ 合わせ調味料の材料を合わせておく。

2 小麦粉をまぶす

焼く直前に小麦粉をまぶし、余分な粉をていねいにはたく b（こうすると焼きむらにならない）。

3 ふちに寄せて焼く

直径20㎝のフライパンに油を入れ中火で熱し、1分ほど温めたら、フライパンのふちに皮を寄せるようにぶりを入れ、下面から$\frac{1}{3}$〜$\frac{1}{2}$が白く変わってくるまで 2〜3分焼く。c

4 皮を焼いて上下を返す

フライ返しで身を立てて皮をフライパンの表面に当て、30秒ほど焼いてから、ふちを利用して上下を返す。d

5 脂を拭き取る

フライパンに出た脂を、たたんだキッチンペーパーで拭き取る。e

6 調味料を入れて煮からめる

フライパンの中央をあけて、合わせ調味料を注ぎ、中火のまま煮立たせる。f 煮汁をスプーンですくい、ぶりにかけながら2分ほどからめる。器に盛って残ったたれをかけ、大根おろしを添える。

---

a 拭き取ることを忘れずに

酒洗いした後、きちんと拭き取ることでくさみのもとを取り去り、粉をむらなくまぶす準備が整います。また、酒をからめておく間に室温になじませ、表面と身の中の温度差をなくすことで火の通りが均一になります。

b 「小麦粉まぶし」に多くの利点

焼く直前に粉をまぶすのは、まぶしたまま時間をおいてしまうと、ぶりから出た水分で表面がべとついてしまうため。小麦粉をまぶすことでフライパンの熱の当たりがやわらぎ、たれのからみもよくなるので仕上がりにつやが出ます。

c ふちを利用します

フライパンが熱くなりすぎる前にぶりを入れます。入れてから「パチパチ」音がし始めるくらいが適温です。このときフライパンのふちに皮が当たるようにぶりを置き、熱の伝わる面を増やして焼くと早く火が通ります。焼き始めはさわらず、ぶりに焼き色をつけて。

d 皮をしっかり焼くこともぬかりなく

皮をしっかり焼くことでくさみがなくなるだけでなく、香ばしく仕上がるので一石二鳥です。

e 脂はうまみではなくくさみです

魚の場合、出てきた脂はくさみのもとです。すべて拭き取ります。

f 酒の効果でやわらかく

酒は約78℃で煮立ってくるので食材への火の通りがやわらかくなるのが利点。魚が硬くならずに仕上がります。調味料をフライパンに直接注ぐ理由は、調味料の温度を上げるのを早めて食材に火を通しすぎないうちに風味づけをするためです。

覚えておいて　塩分を控えたいときは、合わせ調味料のしょうゆを小さじ2にします。

豚肉のしょうが焼き

きりっと仕上げるため、しょうがは2回に分けて使います

おいしく仕上げる秘訣は、しょうがの使い方にあり。まず、下ごしらえからしょうがを使うことで、肉をやわらかくし、くさみを取り除きます。さらに、たれに使うしょうがは加熱することで、辛みと深みを引き出します。ほどよい脂とうまみのある肩ロース肉を選び、「片面7割、返して3割」の焼き加減で、やわらかさを保てば極上の一品に。

$\frac{1}{2}$量で
熱量 385kcal　塩分 2.6g

調理時間　約20分
※調理時間にせん切りキャベツを作る時間は含まず。

材料（2人分）

豚肩ロース肉（しょうが焼き用）
……250～300g
キャベツ……100g
●下ごしらえ用
しょうが……1かけ
酒……小さじ2
●たれ
砂糖……大さじ1
しょうが……2かけ
しょうゆ……大さじ2
酒……大さじ1
サラダ油……大さじ$\frac{1}{2}$

1 しょうがをすりおろす

スプーンで皮をこそいだしょうが3かけ分をすりおろす。ⓐ 小さな器にすりおろし2かけ分と残りのたれの材料を混ぜてたれを作っておく。※このタイミングでキャベツのせん切りを作っておくのがおすすめ。

2 豚肉にしょうがをからめる

豚肉はキッチンペーパーで余分な水けを拭き取る。バットに広げ下ごしらえ用のしょうが1かけ分と酒をからめて5分おく。ⓑ

3 肉をざっと広げて焼く

フライパンに油を中火で熱し、ざっと広げて肉を入れ、動かさずに2〜3分焼く。ⓒ

4 肉を返す

肉に焼き色がついたら上下を返し、そのまま30秒〜1分、軽く火を通すようにして焼く(全体に均一の焼き色がつかなくてもよい)。

5 たれをからめる

フライパンの中央をあけ、混ぜておいたたれを加える。ⓓ 火を強くして、しっかり煮立たせてから肉にからめる。フライパンの底が見えるくらいまで水分が減ってきたら火を止める。器に盛り、せん切りキャベツを添える。

●せん切りキャベツの作り方

キャベツの葉は1枚ずつはがして、水に10分浸ける。葉の幅をそろえるように2〜3等分に切って重ねて軽く丸めて高さを出して、せん切りにする。冷水に10分さらして水けをしっかり切る。

ⓐ 皮を取りすぎない

表面がでこぼこしているしょうがの皮を取るときには、スプーンが便利です。こそげるようにすることで、香り成分が含まれる皮の部分の取りすぎを防ぐことができます。

ⓑ 肉をやわらかくし、くさみを取ります

しょうがの役割は、肉をやわらかくする、くさみを取る、の2点です。しょうがの酵素の働きでたんぱく質を分解し、肉をやわらかくします。酒もまた、肉をやわらかくし、くさみを取ります。

ⓒ 重なりを利用して肉をやわらかくします

肉はあえてきちんとは広げません。重なる部分があることで、そこに蒸気がたまり、肉のやわらかさを保ちます。また、焼き始めたら、肉を動かさないことも水分を保つポイントです。

ⓓ しょうがに熱を当てる

フライパンの表面に直接たれを注ぐ理由は、しょうゆの香ばしさをアップさせるほか、しょうがにもしっかり熱を加えるため。しょうがは火が入ると辛みが増して、きりっとした味になります。

覚えておいて　肩ロース肉の代わりにもも肉を使うとカロリーを減らすことができます。

野菜の天ぷら

天ぷらをサクサクに仕上げるには、粘りのもとになる小麦粉のグルテンの形成を防ぐことが重要です。そのためには冷水を使用する、混ぜすぎない、直前にころもをつけるという3つが肝心。また、天ぷらはころもの中に食材を閉じ込めて加熱する蒸し料理の一面もあります。揚げ油は多めにし、少量ずつじっくり揚げることで、油の温度低下によって重たい仕上がりになることを防ぎます。

ころもは冷たく、
混ぜすぎず。
つけたらすぐ揚げます

材料（2人分）

なす……1本（80g）
さつまいも……$^{1}/_{2}$本（100g）
れんこん……100g
まいたけ……50g

●ころも
- 小麦粉……1カップ
- 冷水……1カップ
- 溶き卵……$^{1}/_{2}$個分（25g）

●天つゆ
- 水……1カップ
- しょうゆ……大さじ3
- 本みりん……大さじ3
- 削り節……5g

小麦粉……適量
揚げ油……適量

$^{1}/_{2}$量で
熱量 417kcal　塩分 2.4g

調理時間　約45分

※栄養計算値は天つゆを60%摂取した場合の値。

1 天つゆを作る

ボウルに万能こし器をセットしておく。小鍋に天つゆの材料を入れて中火にかけ、1分煮立たせたらすぐにこす。ⓐ そのままおいて粗熱を取る。

2 野菜を切る

なすはへたを取ってがく（ひらひらしたとげの部分）をぐるりと切り落として縦四つ割にし、下から$^{2}/_{3}$に2～3mm幅の切り目を入れる。ⓑ 少し切り目をずらすようにして5分水にさらす。さつまいもは1cm厚さの斜め切り、れんこんは皮をむいて1cm厚さの輪切りにする。まいたけは小房に分ける。

ⓐ 少量の天つゆを手軽に
削り節もいっしょに煮て、だしをとる工程と、調味料を煮合わせる工程を分けずに作れる簡単な方法です。十分に煮立たせることで、みりんのアルコールもとびます。

ⓑ なすの切り目の役割
なすに切り目を入れるのは火の通りをよくするため。水にさらすことでアクが抜け、切り目から水を吸ってハリも出て、揚げるときにきれいに広がります。

ⓒ ころもはグルテンを防ぐ工夫をして
小麦粉をふるって均一にしておき、大きなボウルを使うことで混ぜる時間を短縮し、冷水を使うことでグルテンの形成を防ぎます。粉と卵液は決して混ぜすぎないこと。ダマが残って、さらさらしているくらいでOKです。混ぜるには太い箸が向きますが、ないときは菜箸を上下逆にして使って。

ⓓ ころもをつけたらすぐに揚げます
小麦粉ところもをつけてもたもたしていると野菜の水分でベタベタになってしまうので、2～3切れずつを1セットとして揚げるまで一気に作業します。

ⓔ ころものかけらはすくいます
ころものかけらは、放っておくと油に焦げたにおいがついたり、野菜に黒い点々としてついたりするので、こまめに拾いあげます。

3 ころもを作る

大きめのボウルに小麦粉をふるって均一にする。溶き卵の器に冷水を少しずつ加えながらよく混ぜる（溶き卵は$\frac{1}{2}$個分の少なめにすると野菜の風味が引き立つ）。小麦粉のボウルに卵液を一気に加えてざっくりと混ぜる（ダマが残っているくらいでよい）。ⓒ

4 さつまいも、れんこんを揚げる

深めのフライパンか揚げ鍋に油を2〜3cmくらい注ぎ、中火で170°Cに熱する（ころもを1滴落とすと途中まで沈んで浮き上がってくるくらい）。さつまいも、れんこんは水けを拭いて2〜3切れずつ小麦粉を薄くつけ、余分な粉を落とす。すぐに手に持ってころもにくぐらせ、余分なころもを落として連続して静かに油に入れ、少し火を強めて5〜6分揚げる。ⓓ 竹串でさつまいもを刺し、スッと入るくらいになったら、バットに取り出す（**6**を参照）。

5 なす、まいたけを揚げる

なすとまいたけは水けを拭く。なすは切り目の間にも均一に小麦粉をつける。まいたけは小麦粉を軽めにつけて、ともに**4**同様にころもにくぐらせて3〜4分揚げる（なすは切り目を広げながら油の中へ入れるとよい）。ころものかけらは揚げじゃくしですくい取る。ⓔ

6 油を切る

油から上げたら、あつあつのうちにバットに立てかける（立てかけると早く油が切れる。網がなければバットにキッチンペーパーを敷く）。器に盛り、天つゆを添える。

覚えておいて　にんじんやピーマンなど野菜の種類を増やすのもおすすめです。

野菜のかき揚げ

かき揚げもころもをカラッと揚げるには、天ぷらと同様に小麦粉のグルテンを作らないことがポイント。また、ばらけずにきれいな形に仕上げるには、先に小麦粉を具に混ぜて糊の役にすること、油に入れたら軽く押さえるだけにして、揚げはじめはさわらないことです。味の要の玉ねぎは厚めに切ってじっくり揚げることで甘みをしっかり引き出して。

小麦粉の
特性を知って、
カラッと揚げる
工夫を

材料（2人分）

玉ねぎ……$^1/_2$個（100g）
むきえび……100g
三つ葉……20g
●ころも
　小麦粉……$^1/_2$カップ
　冷水……$^1/_2$カップ
　塩……ふたつまみ
●天つゆ
　水……1カップ
　しょうゆ……大さじ3
　本みりん……大さじ3
　削り節……5g
小麦粉……大さじ2
揚げ油……適量

$^1/_2$量で
熱量 412kcal　塩分 2.9g

調理時間　約30分

※栄養計算値は天つゆを60%摂取した場合の値。

1 天つゆを作る

ボウルに万能こし器をセットしておく。小鍋に天つゆの材料を入れて中火にかけ、1分煮立たせたらすぐにこす。a そのままおいて粗熱を取る。

2 玉ねぎと三つ葉を切る

玉ねぎはしんを切り落とし、繊維にそって7～8mm厚さに切ってほぐす。三つ葉は3cm長さに切る。b

3 むきえびを切る

むきえびは背のほうから包丁を入れて、背わたがあれば取り除き、厚みを半分に切る。大きいときはさらに半分の長さに切る。c

4 具材を小麦粉でつなぐ

ボウルにえびと玉ねぎを入れ、小麦粉をふって粉っぽさが残る程度にからめる。d

a 削り節で手軽に天つゆを
削り節を使うとうまみがすぐ出るので、簡単に天つゆが作れます。煮立たせたらすぐにこすと、えぐみが出ません。

b 素材ごとに適した大きさに
玉ねぎは繊維を断ち切らないことで、食感が残り、火もじっくり入っていくので甘みを引き出すことができます。三つ葉は少量ですが香りづけのために重要な存在。玉ねぎよりも火が通りやすいため、大きめに切っておきます。

c 切り方一つで揚げくずれを防げます

5 ころもを作る

別の大きめのボウルにころもの小麦粉をふるって入れ、冷水、塩を加えて箸で10回ほど混ぜる。e

6 ころもをからめる

4のボウルにころもを加え、箸で全体にからめる。f 三つ葉を加えてさっと混ぜる。

7 揚げる

フライパンに深さ1.5cmほど油を入れ、170℃（ころもを1滴落とすと途中まで沈んで浮き上がってくるくらい）に熱する。おたまを油にさっと通し、たねの1/4量をおたまの上にのせて、平らに広げ、箸で押し出すように油に落とす。油に入るとたねが広がるので、箸で軽く押さえる。ころもが固まるまではさわらず、途中油をかけながら3〜4分揚げる。g 形が安定したら上下を返して、さらに3〜4分揚げる。箸ではさむとしっかりと硬く、軽さを感じるくらいになったら揚げ上がり。

8 油を切る

バットに立てかけるように置いて、油を切る（こうすると油が切れやすい。網がなければキッチンペーパーを敷く）。器に盛り、天つゆを添える。

えびはぶつ切りにせず薄く切ることで、玉ねぎとからみやすくなり、揚げくずれを防げるほか、火の通りもよくなります。

d 小麦粉でつなぎます
1回目に入れる小麦粉は、具材どうしをつなぐ糊のような役割です。粉っぽさが残る程度にからめます。

e 混ぜすぎないことが鉄則です
2回目の小麦粉がころもの本体です。弾力や粘りのもととなる小麦粉のグルテンを形成しないためには小麦粉をふるうこと、冷やした水を使うこと、混ぜすぎないことが大事です。

f 粉っぽさが残っていても問題なし
ころもに具を加えるのでなく、具にころもを加えるのも混ぜすぎによるグルテンの形成を防ぐためです。粘りが出ないよう箸で上下を返すようにします。粉っぽさが残っていても構いません。

g 固まるまではさわらない
広がったころもは、箸で軽く押さえ、ころもが固まるまでは油をかけるだけでさわらないようにするときれいな形に。

覚えておいて　ブロッコリーやアスパラガスなどを具に追加すれば、野菜を一度にたくさん取れます。

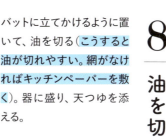

鶏つくねの照り焼き

ゆるい肉だねをしっかり練ることで、ふんわりと

つくねは、ふっくら感を楽しむ肉料理です。ふっくらふんわり仕上げる秘訣は、肉だねに酒などの水分を含ませ、しっかりと練り込むこと。ひき肉に体温を伝えないように指先で手早く練って粘りを出します。そして低温から火を通すことで、肉のたんぱく質の収縮がゆっくりになり、水分を逃さず焼けます。これがふっくらジューシーなつくねを生むプロセスです。

材料（2人分）

- 鶏ひき肉……250g
- ねぎ……$^1/_4$本（30g）
- 小麦粉……大さじ1
- 大根おろし……100g
- 卵黄……2個
- ●下味
  - 酒……大さじ1
  - しょうゆ……小さじ2
- ●たれ
  - 砂糖……大さじ1
  - しょうゆ……大さじ2
  - 本みりん……大さじ2
- サラダ油……大さじ1
- あれば青じそ……2枚

$^1/_2$量で
熱量 448kcal　塩分 3.5g

調理時間　約20分

※調理時間に肉だねを冷蔵庫で冷やす時間は含まず。

1 ねぎを切る

ねぎは斜めの切り込みを入れ、さらに上下を返して同様に切り込みを入れ、蛇腹状にして端から細かく切ってみじん切りにする。ⓐ

2 肉だねを練る

ボウルにひき肉、ねぎ、下味の材料を混ぜ、粘りが出るまで指先で1分ほど手早く練る。ⓑ 小麦粉を加えて、さらに1分ほど糸を引くような粘りが出るまで練る。できれば冷蔵庫で30分ほど冷やして引き締める。冷蔵庫から取り出し、6等分する。

3 焼く

たれの材料を混ぜ合わせておく。フライパンに油を入れ、中火で30秒ほど温める。肉だねを楕円に形作りながら入れて、フライパンの中で形を整える。ⓒ 3分焼いたら上下を返してさらに2分焼く。

4 煮からめる

たたんだキッチンペーパーで余分な脂をしっかり拭き取り、たれを回し入れ煮からめる。たれが半分ほどになったら火を止める。器に、あれば青じそを敷いてつくねを盛り、水けを切った大根おろし、卵黄を添える。

ⓐ ねぎには重要な役割が

みじん切りしたねぎにはとろみがあり、肉だねの中で水分としてつなぎの役割をします。

ⓑ 指先で手早く練ります

指先を使うのは体温によってうまみのある脂が溶け出すのを防ぐためです。

ⓒ 低温から焼き始める理由

フライパンを十分に温めてしまうと肉だねの表面が収縮し、水分が出て硬い仕上がりになってしまうので、油は熱しすぎず、少し温まったくらいで焼き始めます。油の上に肉だねを置くようにして。

覚えておいて　ひき肉を減らして、きのこやなすなど水分を含みやすい食材をみじん切りして加えても。

肉野菜炒め

炒める前の「焼き」が肝心です

肉野菜炒めをおいしく仕上げる秘訣は「水っぽくしない」ことに尽きます。そのためにはまず、肉と野菜をフライパンに重ね、さわらずにしっかり焼きつけます。これにより、肉はやわらかく仕上がり、野菜から余分な水分が抜けて全体がベタつくこともありません。肉は脂の多い豚バラや豚肩ロースがおすすめ。パサつかず、硬くなりにくく、味わい深い一皿が完成します。

1/3量で
熱量 303kcal　塩分 0.9g

調理時間　約15分

※調理時間にキャベツを水に浸ける時間は含まず。

材料（2～3人分）

豚バラ肉（薄切り）、または、
　肩ロース肉（薄切り）……200g
キャベツ……200g
玉ねぎ……50g
にんじん……50g
しょうゆ……大さじ1
砂糖……小さじ1
ごま油……小さじ2

1 食材を準備する

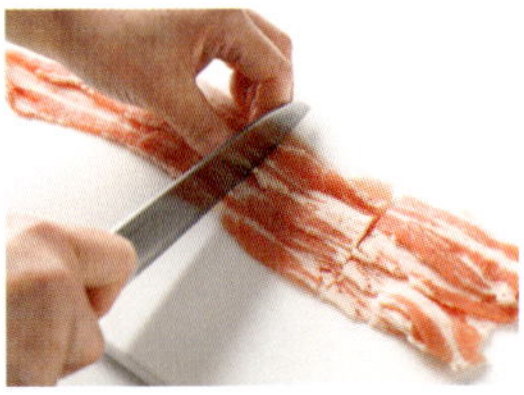

キャベツは冷水に20分ほど浸けてパリッとさせ、水けを切って5cm角に切る。ⓐ 玉ねぎは繊維にそって5mm厚さの薄切り、にんじんは皮をむき、太めのせん切りにする。豚肉は6～7cm長さに切る（縮むことを考慮して大きめに切る）。

2 豚肉と野菜を重ね入れる

フライパンにごま油を入れて中火で1～2分熱する。豚肉をざっと広げて、キャベツで全体をおおい、にんじん、玉ねぎを散らすように入れる。b

3 焼いてから炒める

少し火を強め、具材を上から押しつけたら、そのままさわらずに2～3分焼く。肉に焼き色がついたら全体を返して30秒～1分炒める。c

4 調味料を煮立たせからめる

フライパンの中央をあけ、砂糖、しょうゆの順に入れて混ぜるようにして煮立たせる。d 全体にからめて水分をとばすようにして炒めたら火を止め、器に盛る。

---

a 水揚げで食感が変わります

キャベツは、切る前に冷水に浸け、水揚げしておきます。水分を含むと火の通りがゆるやかになり、蒸気が上がりやすく、炒め上がりにシャキシャキとした食感が残ります。

b キャベツがふたの役割をします

肉はきれいに並べなくても問題ありません。キャベツは肉にふたをするようにかぶせて。キャベツにふたをされた肉は下面はカリッと、上面は野菜の水蒸気でやわらかいまま加熱されます。上の野菜からは水分がほどよく抜けてベタつきません。

c 肉の脂で野菜をコーティングするように

薄切り肉は片面をしっかり焼けば、後は炒めながら火が通ります。肉から出る脂を野菜にコーティングするようになじませながら炒め合わせると水っぽくなりません。

d 調味料を順に入れる理由

先に砂糖がフライパンにふれることで甘みと香ばしさの下地ができ、そこにしょうゆが加わることで味わいに深みを加えます。砂糖としょうゆだけで味つけするのは、水っぽくしないための配慮です。

覚えておいて　塩分が気になるときは、しょうゆを小さじ2に減らしても、食材のうまみで十分おいしく食べられます。調味料を煮立たせて香ばしくするのを特に意識して。

いか大根

いかは火の通しすぎにご用心。足と身は時間差で煮ます

いかのうまみと大根の甘みが織り成す奥深い一品です。いかの調理は火の通し加減が命。まず1分だけの湯通しでやわらかさを保ち、次にうまみのある足を先に入れて、身を時間差で加え短時間で煮上げます。大根は甘みの強い上部を使うのがおすすめ。味つけの黄金比率、しょうゆ：みりん＝1：1は、至極の味を引き出す秘訣です。

材料（2人分）

いか（するめいか・やりいか）……1～2杯（200～300g）
大根……1/2本（500g）
米……大さじ1
●煮汁
- 水……1/2カップ
- 酒……1/2カップ
- 砂糖……大さじ2
- しょうゆ……大さじ2～3
- 本みりん……大さじ3

1 大根を下ゆでする

大根は皮をむき、2.5cm厚さの半月切りにする。鍋に水5～6カップを入れ、大根、米を入れ、中火にかける。ⓐ煮立ったら弱火にして15～20分ゆでる。竹串がスッと通るくらいの硬さになったらざるに上げて粗熱を取り、水洗いしてぬめりを取る。

1/2量で
熱量 232kcal　塩分 2.3g
調理時間　約50分
※栄養計算値は煮汁を70%摂取した場合の値。調理時間に火を止めておいておく時間は含まず。

ⓐ 米がえぐみを取ります
下ゆでする理由は、大根の余分な水分とアクを取り除いて味のなじみをよくするためです。加えた米のでんぷんが大根のえぐみを取ります。また、米といっしょにゆでることで汁の粘度が上がるため、熱の入り具合がゆるやかになり、大根にじんわりと火が通ります。

ⓑ きれいに掃除します
内臓は破れないよう気をつけながら引き抜きます。上手にスーッと抜けても、胴の中には内臓などが残っているので、口

2 いかの下処理をする

いかは胴の中に指を入れ、内臓と身を離し、内臓を抜く。軟骨を指で抜き、胴の中を水洗いする。内臓から足を切り離し、足のつけ根の中心にあるくちばしを取る。足の吸盤をこそげ取る。b

3 いかを湯通しする

3～4カップの熱湯を沸かして火を止め、身と足を入れて1分おく。c 色が変わったら冷水（水温が高ければ氷水）に取り、胴の中を水洗いし、水けを拭き取る。身は2cm幅、足は2本ずつに切る。

4 足と大根を煮る

鍋に煮汁の材料といかの足を入れて中火にかけ、煮立ったら大根を加える。水でぬらして軽く絞ったキッチンペーパーをかぶせ、弱めの中火にして10～15分煮る。d

5 身を煮る

大根が色づいたら、大根を寄せて、いかの身を脇にまとめて入れる。煮汁をからめるように上下を返しながら2～3分煮る（煮汁がいきわたるようにときどき鍋をゆするとよい）。

6 しばらくおく

火を止めて、鍋を軽くゆすって煮汁を均一にしたら、そのまま15～20分おき、味をなじませる。

当たりよく仕上げるためにきれいに水洗いします。吸盤の硬い部分も口当たりが悪いため、こそげ落としておきます。

c さっとゆでる理由

湯通ししたいので必ず火を止めてから、いかを入れます。これで表面のたんぱく質が固まり、やわらかさを保ちます。さらに大根に色が移らず、煮汁がにごりません。

d 時間差で煮ます

足だけを先に煮るのは、いかのうまみを大根に移すため。煮立たせるのは酒とみりんのアルコール分をとばして苦みを消すためです。キッチンペーパーをぬらしておくことで、煮汁を吸うことなく、煮汁をいきわたらせられます。

覚えておいて　煮汁に水溶き片栗粉を加えれば、しょうゆを1/3量に減らしても食べ応えをキープできます。

豆あじの南蛮漬け

南蛮漬けを上手に仕上げるポイントは、漬け汁の黄金比率と、魚の揚げ方の２つです。漬け汁は調味料と水をすべて同量で混ぜて、玉ねぎの甘みや唐辛子の辛みを加えて深みを出します。そして揚げ方は、魚の水分をしっかり抜くように揚げること。仕上げは高温にしてカラリとさせます。保存がきく南蛮漬けは常備菜としても適しています。

しょうゆ：
みりん：酢：水
＝1：1：1：1
南蛮漬けの
黄金比率です

材料（2人分）

豆あじ（小あじ）……250～300g
玉ねぎ……$\frac{1}{2}$個（100g）
赤唐辛子の小口切り……1本分
●**漬け汁**
水……大さじ3
しょうゆ……大さじ3
本みりん……大さじ3
酢……大さじ3
砂糖……小さじ1
削り節……1パック
小麦粉……大さじ3
揚げ油……適量

$\frac{1}{2}$量で
熱量 338kcal　塩分 2.6g

調理時間　約45分

※栄養計算値は漬け汁を60%摂取した場合の値。調理時間にあじを漬ける時間は含まず。

1 豆あじの下処理をする

まな板の上に新聞紙などを敷いて豆あじをのせる（新聞紙を敷いて作業すると内臓の処理がしやすく、においがまな板につきにくい）。ぜいごは尾のつけ根に包丁の刃先を寝かせて入れ、刃を前後に動かしながらそぐようにして切る。うろこは尾から頭に向かって包丁の刃先でこそげ取る。裏面も同様に処理する。えらの下の部分から腹に三角形に切り込みを入れ、内臓を刃先を使ってかき出す。

ⓐ 冷たいまま、手早くきれいに

流水ではなく、冷水か氷水で洗います。魚は低温で下処理することで、身もくずれにくく、くさみも出にくくなります。

ⓑ おいしい漬け汁を作る秘訣

魚料理の甘みづけには、みりんをベースにするのがおすすめ。魚の身をくずさずに、しっかり甘みが浸透します。そして削り節を加えて、うまみを引き上げれば、だしを加える必要もありません。漬け汁が温かいまま玉ねぎと合わせることで、玉ねぎの甘みと味わいが漬け汁に移り、全体の味が完成します。

ⓒ 素揚げではなく粉をまぶすひと手間を

素揚げではなく、薄く粉をつけるのは、漬け汁をしっかりまとわせるためです。また、粉をつけることで身の縮みも少なくなり、香ばしさも増します。つけたらすぐ油に入れて。魚の水分を粉が吸ってしまうと、べったりとしてしまいます。

ⓓ カラリと揚がる理由は魚の水分が抜けるから

まずは中温で揚げていきます。油の中でもあじの水分が抜けていきますが、途中であじを網じゃくしですくって持ち上げ空気にふれさせると、余分な水分が水蒸気となってより早く抜けていきます。最後に揚げ油の温度を上げるのは、油切れをよくしてより軽やかに香ばしく揚げるため。

2 あじをきれいにする

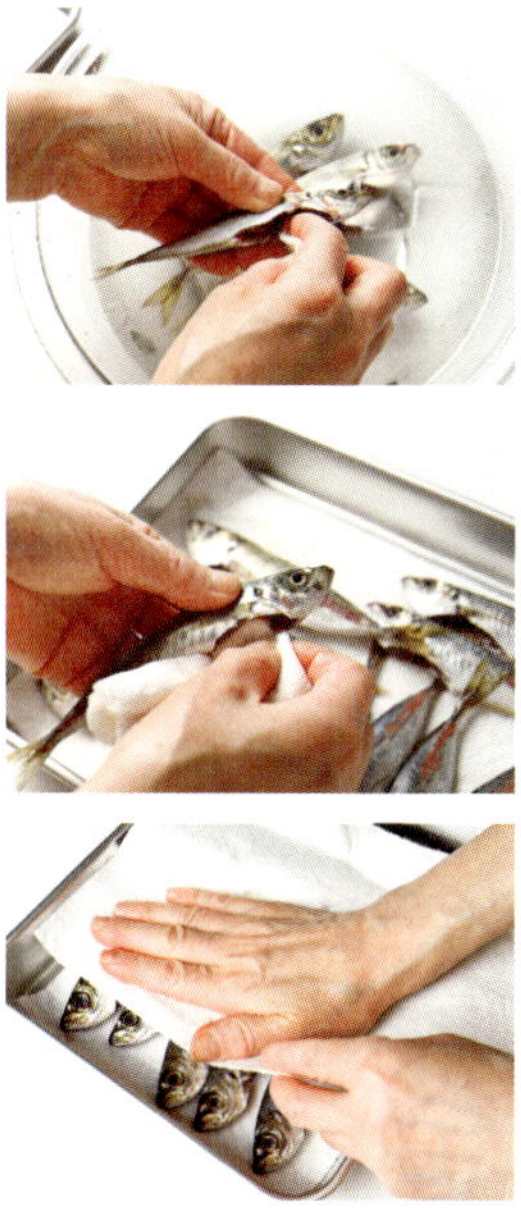

ボウルに入れた氷水であじの腹の中をよく洗う。ⓐ バットに入れてキッチンペーパーで腹の中と外側の水けをしっかり拭き取る。

3 玉ねぎを切る

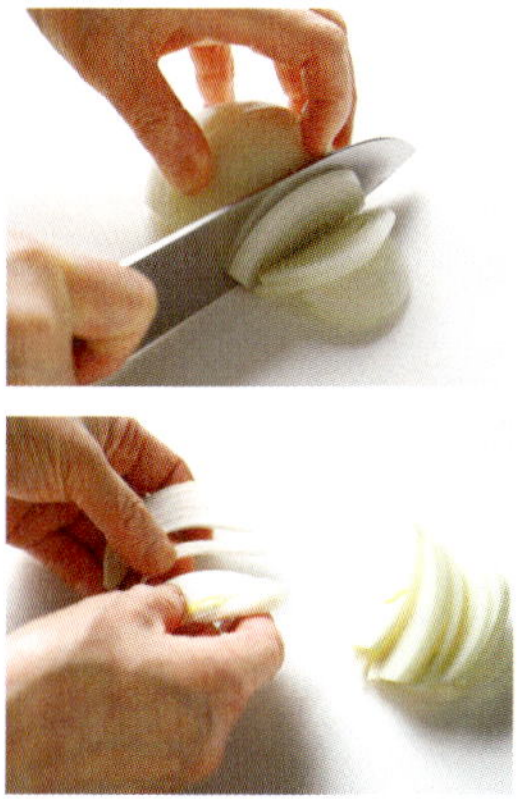

玉ねぎは繊維にそって3㎜厚さに切り、しんの部分を除いてからほぐす。

4 南蛮漬けの漬け汁を作る

大きめのバットに玉ねぎと赤唐辛子を入れておく。漬け汁の材料を鍋に入れ、中火で1分煮立たせる。キッチンペーパーを敷いた万能こし器でこし、熱いうちにバットに加える。ⓑ

5 揚げる直前に小麦粉をまぶす

あじに小麦粉を薄くまぶす。腹の中まで1尾ずつ、薄くていねいに小麦粉をつけ、最後に軽くはたいて余分な粉を落とすようにする。ⓒ

6 あじを揚げる

170℃の油（粉を油に落とすとゆっくり広がるくらい）であじを揚げる。途中網じゃくしですくって空気にふれさせ水分をとばすようにして5～6分揚げたら火を強め、高温でさらに3～4分カラリと揚げる。ⓓ

7 漬け込む

さっと油を切ったら、揚げたてのあじを**4**の中へ入れて、2時間以上漬けておく（冷ましながら味がなじむ）。

覚えておいて　豆あじが手に入らないときは、あじのぶつ切りや、三枚におろしたものを使っても。

肉豆腐

うまみのある煮汁を主役の豆腐に吸わせる料理です

「肉豆腐」は豆腐が主役。いかに豆腐に牛肉の濃厚なうまみをしっかり吸わせるかが肝心です。牛肉は下処理をしてくさみを除いて下味をつけ、玉ねぎは焼いてうまみを引き出し、さらにしいたけのうまみも加えると、深みのある煮汁になります。豆腐の水分を考慮して、やや濃いめの配合で煮込むと風味豊かな肉豆腐が完成します。

$^1/_2$量で
熱量 584kcal　塩分 3.4g

調理時間　約30分

※栄養計算値は煮汁を80%摂取した場合の値。

材料（2人分）

牛肩ロース肉（すき焼き用などの薄切り）……200g
木綿豆腐……1丁（300g）
生しいたけ……4枚
玉ねぎ……$^1/_2$個（100g）

●**肉の下味**
- 砂糖……大さじ2
- しょうゆ……大さじ1

●**煮汁**
- 水……$^1/_2$カップ
- 本みりん……大さじ3
- しょうゆ……大さじ2

ごま油……大さじ1

1　牛肉の下準備をする

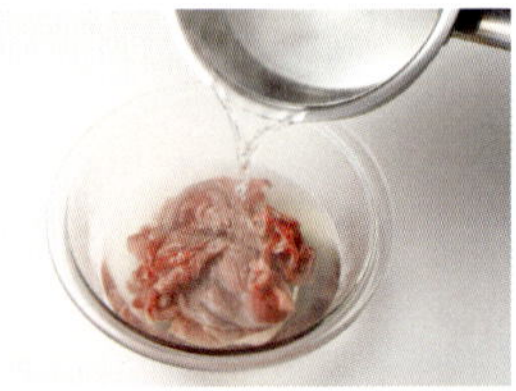

牛肉をボウルに入れて、かぶるくらい熱湯を注いで軽く混ぜ、1分おく。ⓐ ざるに上げて水けを切り、肉の下味の材料を加えてもみからめる。

2 玉ねぎ、生しいたけ、豆腐を切る

玉ねぎは繊維にそって1cm幅に、生しいたけは軸を切り落として5mm幅に、豆腐は4等分に切る。ⓑ

3 玉ねぎを焼く

フライパンにごま油を中火で熱し、玉ねぎを広げてさわらず1分焼き、1分炒める。ⓒ

4 調味料を加えて煮立たせる

煮汁の材料を加えて2分煮立たせる（煮立たせることで、アルコール分がとぶ）。

5 具材を加える

玉ねぎを寄せてしいたけ、肉を入れて、あいているところに豆腐を置く（エリアを分けると豆腐がくずれにくい）。

6 煮る

豆腐に煮汁をすくってかけたら、水でぬらして軽く絞ったキッチンペーパーをかぶせてさらに煮汁をかける。ⓓ中火で12〜15分煮る。豆腐をくずさないように器に盛る。

ⓐ 湯通しのひと手間を

熱湯をかけて肉を湯通しする理由は火を通すためではありません。余分な脂、肉のくさみを取り、水分を抜くことで、調味料のなじみをよくするためです。また、アクの成分も取れ、煮汁がにごらず仕上がります。

ⓑ 玉ねぎは じっくり火を通せる厚さに

玉ねぎはじっくり火を通すことで甘みを引き出せるので、やや厚めに切ります。

ⓒ 玉ねぎのうまみを引き出すためにさわらず焼く

ちょこちょこさわってしまうと加熱がすすまず、甘みや香りが出ません。しっかり焼いて玉ねぎのうまみを出しておくと、煮るときにおいしい野菜のだしが出ます。

ⓓ 豆腐に煮汁を吸わせていきます

キッチンペーパーは乾いたままだと、豆腐に吸わせたい煮汁を先に吸い上げてしまうため、あらかじめ水でぬらしておきます。

覚えておいて　カロリーオフしたいなら、肉を減らし豆腐を増やして調整を。

さばの竜田揚げ

「軽いころも」が味わいの一つです

「竜田揚げ」は魚や肉にしょうゆの下味をからめ、片栗粉をまぶして揚げた、軽いころもが魅力の和の一品。さばは、しょうがのしぼり汁でくさみを除き、上品な味わいにするのがおいしく仕上げるコツ。魚の揚げ油は汚れて繰り返し使いにくいもの。小さめのフライパンに少ない油で、短時間で揚げる方法がおすすめです。

$\frac{1}{2}$量で
熱量 300kcal　塩分 2.1g

調理時間　約20分

※調理時間に冷蔵庫に入れて漬け込む時間は含まず。

材料（2人分）

さば（切り身）……2切れ（200g）

●下味
- しょうゆ……大さじ$1\frac{1}{2}$
- 砂糖……小さじ2
- しょうが……1かけ

片栗粉……大さじ4～5
揚げ油……1カップ
あれば青じそ……2枚
あればすだち（輪切り）……適宜

1 さばを切る

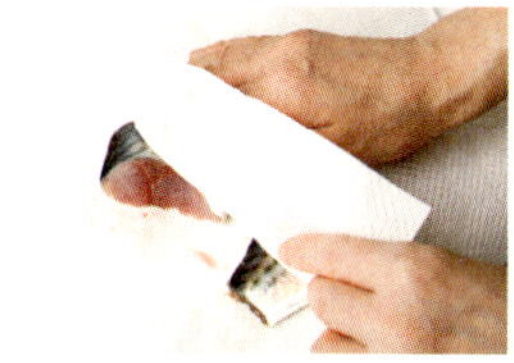

さばは斜めに包丁を入れて、2～3等分に切る。ⓐ キッチンペーパー2枚で上下から押さえるようにして水けと血を取り除く。

2 下味をつける

しょうがは皮をむいてすりおろしてから、キッチンペーパーで包んで絞る。ボウルに下味の材料を混ぜ合わせる。ⓑ さばを加えてからめ、ラップをして冷蔵庫に入れて20分ほどおく。

3 粉をつける

片栗粉をバットに広げる。さばの汁けを軽くキッチンペーパーで拭いてから片栗粉をつける（多少むらがあってもよい）。※粉をつけたらすぐに揚げられるように、4のフライパンと油を準備しておくとスムーズ。ⓒ

4 揚げる

直径20cmの小さめのフライパンに油を入れ、中火で約3分熱し170°C前後にする（片栗粉を落としても沈まず、上面で散って泡が広がるくらい）。粉を軽くはたいてからさばを油に入れる。少し火を強め、油面から出ている部分があれば、油をスプーンなどですくって上からかけながら1～2分揚げる（火傷に注意する）。

5 上下を返す

表面が固まってきたら、さばの上下を返してさらに2～3分揚げる（揚げ時間はトータル約4分が目安）。箸ではさんでみて、表面が硬く、竜田揚げらしい白っぽさが出てきたら取り出して油を切る。器に盛って、あれば青じそ、すだちを添える。

ⓐ 斜め切りで食感よく
表面積を増やすことで下味も入りやすく、ころもも多くつきます。これがさっくりとした食感につながります。切るときはボリューム感をそろえると、揚がり具合がそろいます。

ⓑ 多めの調味料でくさみ取り
下味つけは、切り身に味をしみ込ませるだけでなくくさみ取りの意味もあるので、調味料はやや濃いめ、量も多めにします。

ⓒ 粉をつけたらすぐ揚げる
片栗粉をつけたら水けが出ないうちに軽く揚げるのがコツです。片栗粉をつけて長くおくと水分となじんで、ころもが厚づきになり、ベタッとした揚げ上がりになります。

覚えておいて 竜田揚げの由来は、揚げ上がりのしょうゆで赤くなったところに白いころもが散った表面を、紅葉が浮かぶ竜田川に見立てたという説がある（諸説あり）。

さばのみそ煮

酒とみりんは少しぜいたくに。これがおいしさの秘訣です

極上に仕上げるコツは、酒とみりんをぜいたくに使うことです。最初にしょうゆとたっぷりの酒、みりんで煮ることによってさばのくさみを取るとともに、ふっくらジューシーに仕上がります。そして肝心のみそは最後に加えて。風味を際立たせる使い方です。魚を煮る時間は身を硬くしないために10分以内が鉄則で、煮汁が対流しやすいよう小さめのフライパンが適しています。

$\frac{1}{2}$量で
熱量 415kcal　塩分 4.0g

調理時間　約20分

※栄養計算値は煮汁を80%摂取した場合の値。

材料（2人分）

さば（切り身）……2切れ
　または半身（200～250g）
ねぎ……$\frac{1}{2}$本
しょうが……1かけ
●煮汁
　水……$\frac{1}{3}$カップ
　本みりん……$\frac{1}{2}$カップ
　酒……$\frac{1}{4}$カップ
　砂糖……大さじ1
　しょうゆ……大さじ1
　酢……大さじ1
みそ……大さじ3

1 さばの下処理をする

さばはキッチンペーパーで水けや汚れをしっかり取り除く。半身の場合は半分に切り、皮に1cm間隔で1cm深さの切り目を入れる。ⓐ

2 薬味野菜を切る

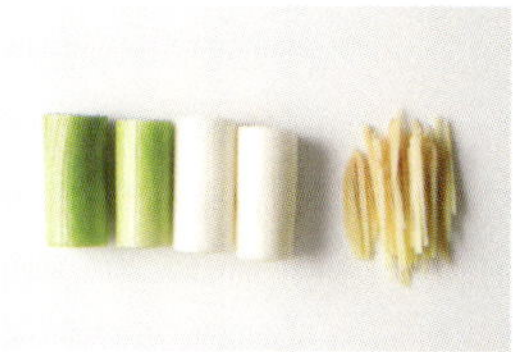

しょうがは皮をむいてせん切りに、ねぎは4〜5cm長さに切る(くさみ消しだけでなく、具としても味わうために食べやすい大きさに)。キッチンペーパーを2つにたたんで中央に1cmの切り込みを入れておく。

3 煮る

直径20cmのフライパンに煮汁の材料を加えて中火で熱し、さばとねぎを入れる(2人分の煮魚の場合、小さめのフライパンが最適。ほどよく煮汁が対流してよくからむ)。b

4 煮込む

中火のままスプーンで煮汁を10回ほどすくってさばにかけ、いきわたらせる。切り込みを入れたキッチンペーパーを水でぬらして軽く絞り、表面に広げてかぶせる。c 煮立たせたまま中火で6〜7分、煮汁が半分になるくらいまで煮る。

5 みそを加える

みそを器に入れる。大さじ2〜3の煮汁をすくって器に加えてみそを溶く。火を止めてキッチンペーパーを取り、溶いたみそとしょうがを加える(しょうがは最後に加えることで風味がしっかり残り、薬味のようにも食べられる)。再び中火にかけ、煮汁をさばにスプーンでかけながら煮る。煮立ったら2分ほどそのまま煮て、しょうがに火が通り、みそと煮汁が混ざって煮汁にとろみがつくまで煮て器に盛る。d

---

a 皮に切り目を入れる理由

切り目を入れる理由は火の通りのむらをなくすため。魚は肉と違って厚みを均一にできないため、身の厚い部分に切り目を入れて火を通りやすくするのです。切り目は十文字に入れると皮が破れることがあるので、1cm幅に数本入れるのがおすすめ。

b 調味料それぞれが仕事をします

硬くパサつきやすいさばは煮立つ温度が低く浸透性の高い酒やみりんで調理することで、やわらかく火が通り、しょうゆのうまみも素早くしみ込みます。煮汁に酢を加える理由は、くさみを消し、うまみや塩味を引き立て、キレをもたらしてくれるからです。

c キッチンペーパーで落としぶたを

キッチンペーパーはぬらしておくと、煮汁を必要以上に吸い上げることがありません。煮汁が少なく、濃度があるものは、切り込みを入れることで、煮汁が対流しやすくなります。

d 煮る時間は短く

風味がとびやすいみそに火を通しすぎないため、みそを入れたら一気に煮詰めます。さばにはしっかりと煮汁をからめたいので、ていねいにスプーンでかけ続けます。

覚えておいて 酒は沸点が約78℃と低く、早く煮立つため食材に火を通しすぎることなく味をしみ込ませることができます。

かれいの煮つけ

煮くずれさせずに美しい姿のまま味をしみ込ませて

煮魚をおいしく、かつきれいに仕上げるには、短時間に味をしみ込ませ、硬くさせずに煮くずれを防ぐことがポイントです。酒洗いをしてぬめりとくさみを取り、一気に煮ていきます。淡白な味わいのかれいは、煮汁にみりんを多めにしてコクをしっかり出しまず。煮る時間は10分を目安にすると、ふっくら煮上がります。浅いフライパンを使って少ない煮汁で調理するほうが、身をくずさず器に盛れるのでおすすめです。

$1/2$量で
熱量 189kcal　塩分 2.3g

調理時間　約20分

※栄養計算値は煮汁を80%摂取した場合の値。

材料（2人分）

かれい（切り身）……2切れ（200～250g）
ねぎ……$1/2$本
しょうが……1かけ
●煮汁
　水……1カップ
　本みりん……大さじ4
　酒……大さじ2
　しょうゆ……大さじ2
　砂糖……小さじ1
酒……大さじ1～2

1 かれいの下準備をする

かれいはバットに入れて酒をふりかけ、指先でなじませたら5分おく（酒洗い）。キッチンペーパーでやさしく拭く。切り目を斜めに1本入れる。ⓐ

2 しょうが、ねぎを切る

しょうがは皮をむき、薄切りにする。ⓑ ねぎは5～6cm長さに切る。

3 調味料を煮立たせて、かれいを入れる

直径20cmのフライパンに煮汁の材料を入れて中火で煮立たせる（これでアルコールがとぶ）。弱火にして、かれいをそっと入れ、ねぎ、しょうがをまわりに入れる（小さな浅いフライパンを使うと少ない煮汁で煮ることができ、取り出しやすく身をくずさない）。

4 煮る

中央に1cmの切り込みを入れたキッチンペーパーを水でぬらして軽く絞り、広げてかれいにのせる。ⓒ 強めの中火にして再び煮立たせ、煮立った状態で8～9分煮る。

ⓐ 切り目を入れる3つの理由

切り目を入れる理由は3つ。加熱した際の皮の縮みを最小限にするため、身の厚い部分にも均一に火を通すため、そして煮汁を内側までしみ込ませるためです。切り目を入れないと、皮が一気に縮んではがれやすくなります。

ⓑ しょうがの皮は魚によっては取る

しょうがは皮をむいてから薄切りにします。淡白な味わいのかれいの場合は皮を取っておいたほうが合います。ぶりやかつおなどの血合いの多い魚は皮つきのしょうがでくさみをしっかりと消します。

ⓒ キッチンペーパーの役割

途中で上下を返せない煮魚は、キッチンペーパーをのせることで少ない煮汁でもフライパンのふちからあふれさせずに対流させて、上面にも味をいきわたらせることができます。皮がめくれ上がることも防ぎ、きれいな仕上がりに。

覚えておいて　好みのきのこを加えてヘルシーにアレンジするのもおすすめ。

コロッケ

コロッケの主役はじゃがいも。水分の少ないほくほく食感にゆで上がる男爵などの品種を選びます。そして必ず水からゆで、じゃがいもの甘みやうまみが引き出される40〜60℃の温度帯をゆっくり通過させます。水分をとばしたじゃがいもにあつあつのひき肉と玉ねぎを加え、うまみをいきわたらせれば、一体感ある味わいのたねが完成です。

男爵いもを
ゆっくりゆでて、
うまみを引き出し
ほっくりと

材料（6個分）

じゃがいも……2〜3個（300g）
豚ひき肉……150g
玉ねぎ……50g
バター……10g
塩……小さじ$\frac{1}{4}$
しょうゆ……大さじ1
砂糖……小さじ1
こしょう……少々
●バッター液
　卵……1個
　小麦粉……大さじ4
　牛乳……大さじ1
小麦粉……大さじ3
パン粉……$1\frac{1}{2}$カップ（60g）
揚げ油……適量
あればリーフレタス……適宜

1 じゃがいも、玉ねぎを切る

じゃがいもは皮をむいて芽があればていねいに取り、1.5cm幅の輪切りにする。水をはったボウルに入れて5分おく。

ⓐ 玉ねぎは根元1cmほどを残し繊維にそって8mm幅に切り込みを入れ、90度回して置き直し、水平に8mm間隔くらいで切り込みを入れて端から切って8mm角の角切りにする（根元を切り離さず、垂直と水平に包丁を入れてから刻むと、散らばらず簡単に角切りができる）。残った部分も同様に切る。

2 粉吹きいもにする

鍋にじゃがいもとかぶるくらいの水を加えて、中火にかける。b 煮立ったらふたをして弱火で15分ゆでる。竹串がスッと通ったら、湯を捨てる（火傷に注意。一度ざるに上げてもよい）。再び中火にかけ、鍋をふりながら水分をとばし、粉吹きにする。

3 つぶしながら下味をつける

ボウルに移して熱いうちに、フォーク（またはマッシャー）で粗くつぶす。塩、バターを加えて混ぜる。c

4 ひき肉、玉ねぎを炒める

フライパンにひき肉、玉ねぎを広げてから中火にかける（肉の脂を使って炒めるので油はひかない）。はじめはさわらないようにして焼いてから2分ほど炒め、肉の色が半分ほど変わったら上下を返すようにして2分ほど炒める（さわらずに焼いて肉から脂を出すことで、調味料が中までしっかり入る）。フライパンの中央をあけて砂糖、しょうゆを入れて香ばしさが出たら、全体にからめる。仕上げにこしょうをふって香りを立たせる（こしょうは焦げやすいので最後に加える）。

5 たねを合わせる

4が熱いうちに**3**のボウルに加えて、スプーンでよく混ぜる。粗熱が取れたらラップをかけて冷蔵庫に入れて30分ほど冷やす。d 6等分して、空気を抜きながら2cm厚さの楕円形に成形してバットに並べる（空気が入ると破裂の原因になる）。

---

a 火の通りをよくする下処理

じゃがいものうまみを引き出すために、火が通りやすくてつぶしやすい輪切りにします。水にさらす理由は、表面のでんぷんを取るためです。そのままゆでると、ゆで汁にとろみが出て火の通りが悪くなり、じゃがいもに粘りが出てしまいます。

b 水からゆでる理由

じゃがいものうまみや甘みが出てくるのは40～60℃です。その温度帯をしっかりと通過させたいので水からゆでます。湯からゆでるとじゃがいものでんぷんがすぐに固まり、甘みが引き出せず、ほくほく感が出ません。

c つぶしすぎず練りすぎず

冷めるとでんぷんの粘りが出て、味が入りにくくなってしまうので必ずあつあつのうちに作業します。「つぶしすぎない・練りすぎない」が、いもの食感

6 バッター液を作る

ボウルに卵を割り入れる。先に黄身をつぶしてほぐし、泡立てないように菜箸をボウルの底から離さずに左右に動かし、黄身と白身がなめらかに混ざるよう溶く。牛乳、小麦粉を加えてよく混ぜ、バッター液を作る。e

7 ころもをつける

たね全体に小麦粉をふってまぶし、余分な粉ははたく。別のバットにパン粉をたっぷり広げる。たねをバッター液にくぐらせて全体にからめ、パン粉のバットに置き、上からパン粉をかけ、やさしく押さえながらパン粉を均一につける。

8 揚げる

油を170°Cに熱する（油にパン粉をひとつまみ落とすと、一気に広がらずその場でチリチリと音がするくらい）。油の温度を下げないために、7を2～3個ずつ揚げる。はじめの2～3分はさわらずに揚げ、色づき始めたら上下を返し、さらに5～6分揚げる。はずれたパン粉はこまめに網じゃくしで取り除く。ころもがきつね色になったら網じゃくしですくって取り出して油を切る。器に盛り、あればリーフレタスを添える。

1個分
熱量 248kcal　塩分 0.9g

調理時間　約60分

※調理時間にじゃがいもを水にさらす時間、たねを冷やす時間は含まず。

を生かすポイントです。

d うまみアップの工夫

炒めた肉と玉ねぎが熱いうちにじゃがいもと合わせて、うまみを吸わせます。冷えていく途中で肉のうまみがじゃがいもに移り、味がなじむだけでなく、成形もしやすくなります。

e パン粉をつきやすくする

小麦粉を入れることでパン粉が均一につきやすくなり、固くしっかりするので油切れもよくなります。

覚えておいて　たねにほどよくしょうゆ味がついているので、そのままでもおいしく食べられます。ソースはお好みで。

ピーマンの肉詰め

ピーマンをまるごと使い、肉を上から詰めてジューシーに

ジューシーな肉汁と、ピーマンのほどよい苦みが絶妙に合わさった和のおかず。ピーマンをまるごと使うことで、肉だねがはがれる心配もなく、肉汁も余すことなく味わえます。はじめに焼くのも大切なコツ。水分が抜けて香ばしさも加わり、調味料がしみ込みやすくなります。たれはみりんが多めの濃い味にし、ほどよい苦みと肉汁のうまみをまとめます。

材料（2人分）

ピーマン……6個

●肉だね

- 鶏ひき肉……200g
- 玉ねぎ……30g
- 卵……1個
- パン粉……$^{1}/_{3}$カップ
- しょうゆ……小さじ1

●たれ

- 本みりん……大さじ3
- しょうゆ……大さじ2

サラダ油……大さじ1

$^{1}/_{2}$量で
熱量 386kcal　塩分 3.2g

調理時間　約30分

1 玉ねぎを切る

玉ねぎは根元を1cmほど残し繊維にそって3mm幅に切り込みを入れ、90度回して置き直し、水平に5〜6等分になるよう切り込みを入れてから切る（みじん切り）。残った部分も同様に切る。

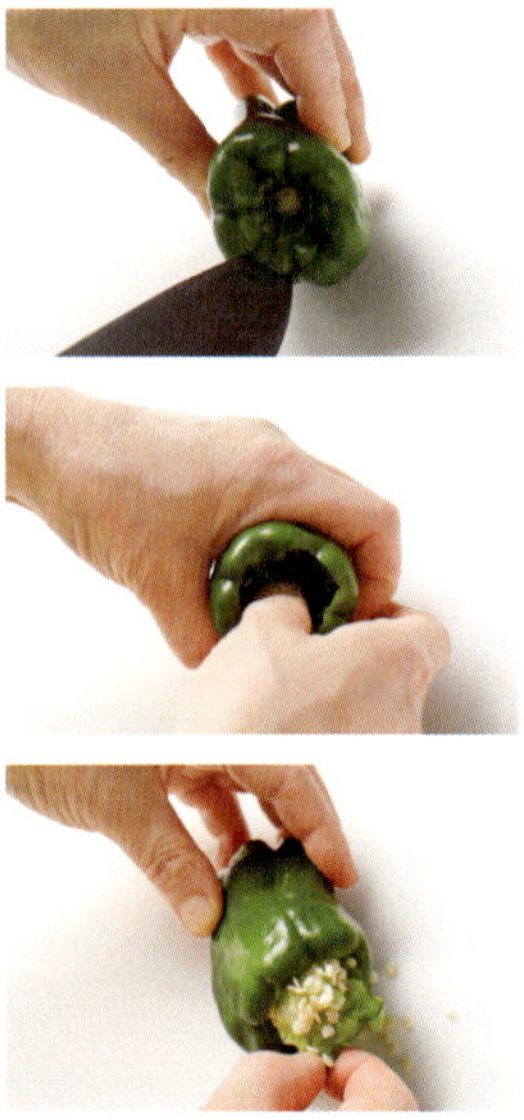

2 ピーマンを切る

ピーマンはへたから5mmくらいの位置でぐるりと包丁の先を1周させ切り込みを入れる。指先でへたを押し、ピーマンがなるべく破れないように気をつけながら種ごとへたを引き抜く（へたと種を抜いたとき、中に多少種が残っていてもよい）。

3 肉だねを作る

ボウルに肉だねの材料を入れて指先で、粘りが出るまでよく練る（こうすると肉の脂に体温が伝わりにくい）。ⓐ 糸を引くくらいまでよく練ったら、ボウルの中で6等分にする。

4 肉だねを詰める

肉だね1個分を2〜3等分し、小さな俵状にして、2〜3回に分けて少しずつピーマンの中に詰める（奥までみっちりと詰めるように押し込むとよい）。

5 焼く

フライパンに油を中火で熱し、ピーマンをふちにそって並べ入れる（油を先に熱しておくと、全体に焼き色がつきやすい）。ⓑ 転がしながらつやが出るくらいまで4〜5分焼く。

6 蒸す

ふたをして弱火にし、途中で上下を返すようにして、5〜6分蒸し焼きにする。ⓒ

7 煮からめる

余分な油をキッチンペーパーで拭き取る。中火にして、たれの材料を中央に加え、たれ全体が泡立つくらい煮立たせたら、たれとピーマンを2〜3分煮からめる（調味料を最後に入れると、照り、つやのある仕上がりに）。たれにとろみがついて、フライパンの底が見えるようになったら火を止める。

ⓐ やわらかい肉だねに
つなぎが少なく水分の多い肉だねにすることでピーマンの中でふっくらジューシーに加熱されます。

ⓑ ふちに並べて焼き色をつける
フライパンのふちを使うことで、フライパンの側面からもピーマンに熱が伝わるうえ、転がしやすくなります。

ⓒ ダブル蒸しでジューシーに
肉だねは、ピーマンの皮とふたをしたフライパン、2つに包まれたダブル蒸し焼きの状態です。ゆっくり火が通ることで、肉汁が中にとどまってジューシーに。

覚えておいて　ひき肉の半量を豆腐や厚揚げなどに置き換えれば、カロリーダウン。

豚の角煮

豚の角煮の調理は「脂を抜いてやわらかく煮る」と「肉の中に味をしみ込ませていく」の二段階。前半で十分に脂を抜くことで味の入りにくい脂身にもしっかり味が入るようになり、後半で調味料を煮からめてからじっくり煮ることでコクが深まります。１キログラム程度のたっぷりの肉を一度に調理すると、温度の変化がゆっくりになるため、よりやわらかく仕上がることも覚えておきましょう。

脂をしっかり
抜いてから
味をしみ込ませます

材料（6人分）

豚バラ肉（かたまり）
……2～3本分（900～1200g）
米……大さじ5
にんにく……2かけ
しょうが……2かけ
ねぎ……適量

●煮汁の調味料
しょうゆ……1/3カップ
酒……1/2カップ
砂糖……大さじ6～7

1 豚肉を常温に戻す

豚肉は冷蔵庫から出して常温で30分おく（常温に戻すことで脂が溶け出しやすくなる）。キッチンペーパーで水分を拭き取る。ⓐ

2 肉を焼く

フライパンを中火で熱し、肉の脂身の面を2分、脂身のある側面を1分ずつ転がして焼く（赤身の面は焼かない）。ⓑ

3 肉をゆでる

水10カップを入れた鍋に2を入れ、米を加えて中火にかける。ⓒ 煮立ったらアクを取る。少しずらしてふたをして、弱火にして60分ゆでる（箸をはさむとふたが安定する）。火を止め、ふたをして90～120分おいて、手で肉をさわれる程度に粗熱を取る。

ⓐ 赤身の部分から出てくる水分を拭き取るひと手間も惜しまずに

水分が残っているとくさみの原因になります。焼くときに温度が上がりにくくなるうえ、脂がパチパチとはねてしまうので、ていねいに拭き取っておきます。

ⓑ 焼き時間は短めに

かたまりのまま肉を入れ、脂の面を焼いて脂を出しながら焼き色をつけ、香ばしさを引き出します。豚肉の脂肪分（ラード）が溶け出す融点は50℃前後ですが、焼くことで100℃以上になり、脂がより出やすくなります。赤身の部分は長時間焼くと身が硬く縮まってしまうため、必要な面を短時間で焼きます。

ⓒ 米を加えて低温でじっくりゆでます

鍋は肉がぴったり収まる直径22～24㎝の小さめのものがおすすめです。火に当たる鍋底が狭いほうが熱がゆるやかに当たり、余分な水分の蒸発を防ぐことができます。米を入れると水分に粘りが出ることで、ぽこぽこと泡が出ている状態でも温度は80℃前後に安定し、これで肉を硬くせずにゆでられます。

ⓓ 調味料を中までしみ込ませます

調味料を入れたらひと煮立ちさせるのはアルコール分をとばすため。肉を入れたら、照り焼きを作るように煮汁の調味料を全体にしっかりとからめます。ここが中まで味をしみ込ませる大切なステップです。

ⓔ 煮汁が高温にならないように

ふたをずらしておくのは煮込むときの煮汁の温度が高くなりすぎるのを防ぐため。じっくり火を加えることが肉をやわらかくする秘訣です。途中で肉の上下を返すのが難しければ、スプーンで煮汁をかけるようにします。

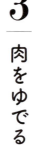

4 具材を切る

ぬるま湯を入れたボウルに肉を入れ、表面のぬめりを手でぬぐうようにして取り、軽く水けを切ったら4～5cm幅に切る。しょうがは皮つきのまま5mmの薄切りにし、にんにくは外側の皮をむく。

5 煮汁をからめる

3の鍋をきれいにして、煮汁の調味料を入れて中火で1～2分煮立たせる。肉を加え転がしながら4～5分からめる。ⓓ

6 煮込む

水$2\frac{1}{2}$カップを加え、にんにく、しょうがを加えて中火で煮立たせる。弱火にして、水でぬらして軽く絞ったキッチンペーパーをかぶせ、ふたをずらしてのせ、40～50分煮る。途中で肉の上下を返す。ⓔ

7 蒸らす

火を止めて、キッチンペーパーをかぶせた状態でふたをしたまま20分ほどおいて味をなじませる。器に盛り、白髪ねぎを添える。

●白髪ねぎの作り方

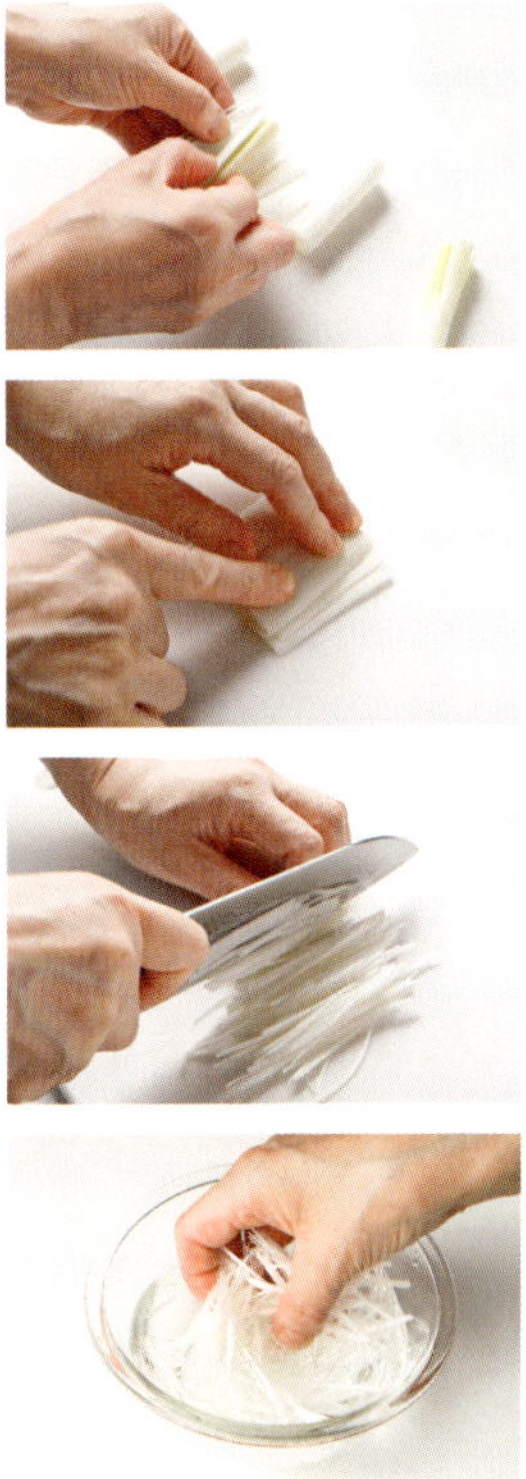

ねぎは5cm幅に切る。切り込みを入れてしんを取り除き、外側の白い部分だけを広げて重ね、細く切って水にさらし、盛りつける直前に水けを切る。

$\frac{1}{6}$量で
熱量 455kcal　塩分 1.1g

調理時間　約150分

※栄養計算値は煮汁を50％摂取した場合の値。調理時間に豚肉を常温でおく時間、粗熱を取る時間、蒸らす時間は含まず。

覚えておいて　ゆで卵も加えたいときは、煮込み終わって蒸らすときに加えて長くおきます。

鶏手羽と大根の煮物

鶏手羽の脂のコクと、焼いた大根の香ばしさを合わせます

鶏手羽大根の味わいのポイントは、手羽先のうまみと大根の香ばしさ。手羽先は皮目をしっかり焼き、脂を出します。この脂で大根を焼き目がつくまで焼き、香ばしさを深めます。大根は下ゆでせず使ったほうが手羽先のコクによく合い、甘みのある上部はもちろん苦みと辛みのある下部を使ってもおいしくできます。

$^1/_2$量で
熱量 239kcal 塩分 2.2g
調理時間 約40分

材料（2人分）

大根……$^1/_2$本（500g）
鶏の手羽先…6本（250g）
●煮汁
　水……1カップ
　酒……$^1/_3$カップ
　塩……小さじ$^1/_2$
　しょうゆ……小さじ2
ごま油……大さじ$^1/_2$
塩……少々

1 手羽先の下準備をする

手羽先は先端をキッチンばさみで切り落とす。水でよく洗い、毛が残っていたら取り除く。ⓐ 水けを拭き取って一つ一つにぎるようにして塩をからめる。

2 大根を切る

大根はピーラーで皮をむき、縦に四つ切りにしてから、3cm幅の斜め切りにする。b

3 手羽先を焼く

フライパンにごま油を中火で熱し、皮目を下にして肉を並べて2分ほど焼く。c 皮目がこんがり焼けて脂が出たら上下を返してさらに2分ほど焼いて取り出す。

4 大根を焼く

そのままフライパンに大根を入れる。さわらずに2分焼き、香ばしい香りがしてきたらさらに2分炒める。d

5 煮る

煮汁の材料を混ぜ合わせておく。e 手羽先をフライパンに戻し入れ、バットに残った脂も加える。煮汁を回しかけて中火にかけ、しっかり煮立ったらアクを取ってからスプーンで煮汁を表面にかける（煮立たせることで酒のアルコールがとぶ）。弱火にして、水でぬらして軽く絞ったキッチンペーパーをかぶせ、ふたをして20分煮る。

a 下処理はていねいに

手羽先の先端を切り落とすのは、うまみを出やすくし、煮ている途中で大根を傷つけないようにするため。水洗いするのはくさみと汚れを取るためです。

b 大根は斜め切りに

斜め切りにする理由は、大根の繊維をほどよく断ち切り、表面積を増やすため。これで火の通りもよく、味が入りやすくなります。

c 手羽先の脂を出すことが一番の目的です

皮目をしっかり焼くのは、脂を出すことでコクのある仕上がりにするため。手羽先は焼いても硬くなりにくいので心配せず焼いて。

d 焼き色をつけて香ばしさを出しましょう

最初に焼くことで味のベースとなる大根の香ばしさが引き出されます。同時に大根から水分が抜けることで、煮汁が入りやすくなります。

e 酒は多めにして仕上がりよく

酒を多めにすると沸点が低くなり、食材にゆっくり火が通ってやわらかく仕上がります。そして、手羽先のくさみが取れ、うまみも加わります。

覚えておいて　切り落とした手羽先の先端は冷凍保存して、スープや鍋のだしに活用を。

しみじみおいしい小さなおかずと汁物

3章

晩ごはんの主役のメニューは決まっても、なにを組み合わせればいいかは悩みどころ。絶対外さない、和の味わいの小さなおかずと汁物を紹介します。コツを押さえて作った脇役の小さなおかずがあれば、献立全体が一段と豊かになります。

きんぴらごぼう

素材の切り方で仕上がりが決まるシンプルな料理です。ごぼうに味を入れつつ、ほどよい食感を残すため、繊維を斜めに断ち切る「なます切り」にします。皮をむきすぎず、細く切りすぎず、水にさらしすぎず、ごぼうの持つ豊かな風味を逃さないようにすることも大切。みりんを多めに使って、ごぼうに甘みを持たせれば、後引く味わいに。

ごぼうの
切り方一つで
味わいも盛り姿も
変わります

材料（2〜3人分）

ごぼう……1本
にんじん……30g
赤唐辛子……1/2〜1本
●合わせ調味料
　しょうゆ……大さじ1
　本みりん……大さじ2
ごま油……大さじ1
ごま油（仕上げ用）……小さじ1

1

ごぼうを切る

ごぼうは流水の下または水をはったボウルの中で、身を削らないように加減しながらたわしで泥を落とす（ごぼうの風味を残すため）。水けを切ってまな板に置き、スプーンで皮や黒い部分をこそげ落とす（皮はむきすぎない）。5㎜幅の斜め切りにし、さらに5㎜幅に切る（なます切り）。ⓐ 水に5分ほどさらす。

2

にんじん、赤唐辛子を切る

にんじんは皮をむき、5㎜幅の斜め切りにし、さらに5㎜幅に切る。赤唐辛子はぬるま湯でふやかして小口切りにする。小さな器に合わせ調味料の材料と赤唐辛子を混ぜておく。

3 ごぼうを焼く

フライパンにごま油を入れて中火で熱し、水けを切ったごぼうを入れて2〜3分、そのまま焼く(さわると温度が下がり、熱が通らず、香りやうまみが十分に引き出せない)。b 片面に焼き色がついたら全体を軽く混ぜる。

4 にんじんを加えて炒める

にんじんを加えて2分ほど混ぜながら炒める。

5 調味料を加える

フライパンの中央をあけ、2の合わせ調味料を加える。そのままふつふつとするまで煮立たせて、みりんのアルコール分をとばす。

6 炒める

水分がなくなるまで2〜3分、調味料をからめながら全体を混ぜるように炒める。最後に仕上げ用のごま油を回しかける。c

$\frac{1}{3}$量で
熱量 107kcal　塩分 0.8g

調理時間　約20分

a **やや太めの「なます切り」**
ごぼうは斜めに切ってから細切りにする「なます切り」に。やや太めに感じる5㎜角に切る理由は、食感のためと、焼き時間を長めにしてうまみを引き出すためです。

b **まずはごぼうから焼く**
先に焼く理由は2つ。一つは、ごぼうの香りやうまみを引き出すため。もう一つは、水分をとばして調味料をごぼうの中に入りやすくするためです。

c **最後のごま油で香りづけ**
仕上げのごま油は、少量でも香り出しの役割をして味に深みを与えます。

覚えておいて　にんじんの代わりにしいたけを使ったり、ごぼうを半量にしてこんにゃくを加えたりするアレンジも。

かぼちゃの煮物

煮くずれるきっかけを取り除いて美しい姿で食卓へ

かぼちゃの煮物は、煮くずれさせないことが大切。「わた・果肉・皮」の特徴を理解し、下ごしらえと調理の工夫で防ぎます。わたは果肉の表面を少し削るくらいまできれいに取り除き、皮もていねいに面取りを。そして煮るときは皮を上にすると美しい仕上がりに。みりんがあっさりとした甘味で味わいを高め、果肉を引き締めて煮くずれを防ぐ役割もします。

1/3量で
熱量 116kcal　塩分 1.0g

調理時間　約40分

※栄養計算値は煮汁を80%摂取した場合の値。

材料（2～3人分）

かぼちゃ……1/4個（300g）

●煮汁
- 水……1カップ
- 砂糖……大さじ1
- 本みりん……大さじ2
- しょうゆ……大さじ1 1/2

1 かぼちゃの種とわたを取る

かぼちゃはスプーンで種とわたをきれいに取り除く（**内側がつるりとするくらいわたを除くと、煮くずれのきっかけがなくなり、形よく煮上がる**）。

ⓐ 先にアルコールをとばす

ひと煮立ちさせるのは、みりんのアルコール分をとばすためです。みりんを多く加えることで、かぼちゃの表面がコーティングされ、煮くずれを防ぎます。

2 かぼちゃを切る

かぼちゃの安定する場所を探してまな板に置き、4㎝角に切る。厚い部分は小さめ、薄い部分は大きめに切り、大きさをそろえる。皮をところどころそげ取ったら、ふちを面取りする（皮にも火が通りやすくなり、煮くずれ防止にもなる）。

3 調味料を煮立たせる

かぼちゃが重ならずに並べられる大きさの鍋に煮汁の材料を入れて中火で煮立たせる。ⓐ

4 皮を上にして並べる

火を止め、皮を上にしてかぼちゃを重ならないように並べる。ⓑ

5 煮る

再び中火にかけ、煮立ったらスプーンで煮汁をかけ、水でぬらして軽く絞ったキッチンペーパーをかぶせて弱火にし、ずらしてふたをして、10～12分煮る（菜箸をはさむと安定する）。ⓒ

6 ふたを外して落ち着かせる

竹串でかぼちゃのいちばん厚い部分を刺して火の通りを確認し、少し硬いくらいで火を止める。ふたを外して10分ほどおく。ⓓ

ⓑ 皮を上にして美しく
かぼちゃをきれいに煮るために、一度火を止め、落ち着いて並べていきます。仕上がりの美しさを優先するため、皮を上にして煮ます。

ⓒ キッチンペーパーはぬらす
キッチンペーパーは食材を圧迫せず落としぶたの役目をしてくれるので、煮くずれさせたくない煮物に重宝します。水でぬらしておくことで、煮汁を吸い上げません。

ⓓ 味と形を落ち着かせます
ふたを外しておくのは、余熱が入りすぎてやわらかくなりすぎるのを防ぐため。少しずつ温度が下がっていく中で味が落ち着き、形も安定してくずれにくくなります。

覚えておいて かぼちゃの糖度によっては砂糖を減らす、または、使わないことでよりヘルシーに。

ひじきの煮物

味が入りにくいひじきを先に炒めて

ひじきは意外なほど味が入りにくい食材です。なので、先に炒めて水分をとばし、後で加える煮汁が入りやすい状態にするのがコツ。そして大事なのが脇役の油揚げです。煮汁を吸うことで、ひじきの味の入りにくさを補い全体の味のバランスを整えます。濃いめの煮汁で短時間煮て仕上げれば、彩り役のにんじんも煮くずれしません。

1/3量で
熱量 135kcal　塩分 1.8g

調理時間　約40分

※調理時間にひじきをもどす時間は含まず。

材料（2～3人分）

芽ひじき（乾燥）……20～25g
油揚げ……1枚（30g）
にんじん……1/2本（80g）
●煮汁
- 水……3/4カップ
- しょうゆ……大さじ2
- 本みりん……大さじ2
- 砂糖……小さじ2～3

ごま油……大さじ1

1 ひじきを水でもどす

ボウルにたっぷりの水を入れてひじきをさっと洗い、小さなごみを取り除いてざるに上げる。再びたっぷりの水を入れてひじきを戻し入れて30分以上浸けてもどす。ⓐ ざるに上げて水けを切る。

2 油揚げ、にんじんを切る

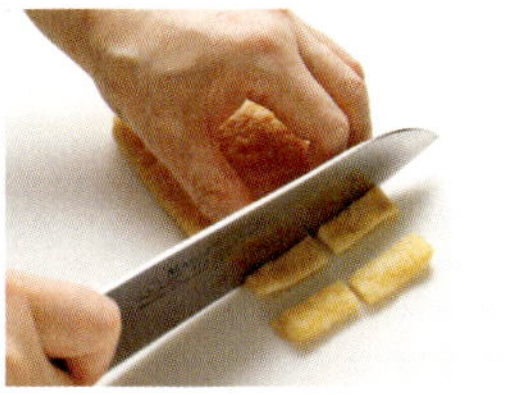

油揚げは1分ゆで、水けを切り、縦半分に切ってから1cm幅に切る（湯通しよりも余分な油がしっかり抜け、煮汁をしっかり含ませることができる）。にんじんは皮をむき、3mm厚さのいちょう切りにする（煮くずれを防ぐために大きめに。彩りよく仕上がるメリットも）。

3 ひじきを炒める

鍋にごま油を中火で熱し、ひじきを1分炒める。ⓑ にんじん、油揚げを加えて軽く混ぜる。煮汁の材料を加える。

4 煮る

煮立ったら弱火にし、水でぬらして軽く絞ったキッチンペーパーをかぶせる。ふたをして15～20分煮る。ⓒ

5 水分を煮とばす

ふたとキッチンペーパーを取る。中火にして鍋底に水分がなくなるまで2分ほど煮詰める。火を止め、再びふたをして粗熱を取る。ⓓ

ⓐ 30分以上もどします
水に30分以上浸け、やわらかくもどします。水分を吸収すると、ぐっとかさが増えるので、たっぷりの水でもどすことが大切です。

ⓑ ひじきを先に炒める理由
先にひじきを炒める理由は、水分をとばすことで味を含ませやすくするため。湯気が出てくるのは、水分がとんでいる証。同時に特有の磯くささも取ります。

ⓒ 素早く味をしみ込ませます
キッチンペーパーをかぶせて、ふたをして煮ることでひじきが乾燥せずにふっくらして、しっかりと味をしみ込ませることができます。キッチンペーパーはあらかじめ水でぬらしておくことで、煮汁を吸い上げません。

ⓓ ふたをして冷まします
冷めていくときにさらに味が入っていくので、ゆっくりと粗熱を取ります。ふたをしたまま冷ますことで、煮汁をさらに含ませることができ、ひじきがふっくら仕上がります。

覚えておいて　大豆や鶏肉などのたんぱく質や、いんげんなど緑の野菜を加えれば、より栄養バランスのよい一品に。

小松菜の煮びたし

アクの少ない小松菜。油揚げは最高のパートナーです

小松菜のシャキシャキ食感を楽しむには、はじめの水揚げがポイント。水分をたっぷり含むと、小松菜の鮮度が戻り、食感や香りがよくなります。繊細な野菜の煮びたしは、油揚げや厚揚げなど植物性のうまみを添えるのがよく合います。油揚げは大豆のうまみと適度な油分があり、小松菜の食感を引き立てます。先に煮ることで、味の奥行きもぐっと増します。

1/2量で
熱量 109kcal　塩分 1.9g

調理時間　約15分

※栄養計算値は煮汁を70%摂取した場合の値。調理時間に小松菜を水揚げする時間は含まず。

材料（2人分）

小松菜……150g
油揚げ……1枚（30g）

●簡単だし
- 水……360ml
- 削り節（パック入り）……5g

●煮汁の調味料
- しょうゆ……大さじ2
- 本みりん……大さじ2

小松菜は根元を切り落とし、ボウルにはった水に約30分浸ける。ⓐ

1 小松菜を水揚げする

2 小松菜を切る

小松菜は根元近くに土が残らないようによく洗って、水けを切って約6㎝長さに切る（次の工程で切る油揚げと大きさをそろえる）。

3 油揚げを切る

鍋に湯を沸かし、油揚げを1分ゆでる（鍋の中で浮いてくるので菜箸の反対側を使いながら、破れないよう気をつけて湯に沈める）。ⓑ ざるに上げて水けを切り、5㎜幅に切る。

4 「簡単だし」をとる

小鍋に水を煮立たせ、火を止めたら、削り節を加えてそのまま1～2分おく。削り節がすべて鍋底に沈んだら、ボウルにキッチンペーパーを敷いた万能こし器を重ね、流し入れてこす。ⓒ

5 煮る

4の「簡単だし」を鍋に入れ、煮汁の調味料、油揚げを加え、中火で2分煮立たせる。ⓓ 小松菜を茎から入れ、葉はさっと軽く熱を入れる程度で1～2分煮る（小松菜の食感を残す）。

ⓐ **水を含ませ元気に**
根元を切りたっぷりの水に浸けておくと、葉がふっくら広がりピンとなります。収穫したてのような状態になると、加熱したときの食感と香りがよくなります。簡単なひと手間ですが、大違い。

ⓑ **うまみを引き出すために**
油を抜くことで、だしのうまみが十分に含まれやすくなり、さらにシンプルな調味が生きるスッキリした味わいになります。

ⓒ **淡めの「簡単だし」をとる**
手軽に煮びたしを作るなら、削り節パックで作る「簡単だし」が便利です。市販のパック入りの削り節は表面積が大きいので水と合わせて煮立たせると簡単に濃厚な味わいの本格的なだしがとれます。

ⓓ **煮立たせて絶品の煮汁に**
一度煮立たせるのは、みりんのアルコールをとばし、煮汁の味わいをしっかり油揚げに含ませるためです。

覚えておいて　小松菜と相性のいいしめじやエリンギ、しいたけなどのきのこ類を加えても。

切り干し大根の煮物

切り干し大根は泡立つくらいにもみ洗い

切り干し大根を上手に煮るポイントは、もどす前のもみ洗いと煮方です。泡立つくらいしっかりもみ洗いして、えぐみやくさみをしっかり取り除くのがとにかく大事。その後、やわらかく水でもどしてから、じっくり煮込んで最後に蒸らして煮汁を含ませればふっくらとした仕上がりに。いっしょに煮る油揚げが煮汁を吸うことで、ジューシーさを保ちます。

$\frac{1}{3}$量で
熱量 143kcal　塩分 1.8g

調理時間　約30分

※調理時間に切り干し大根をもどす時間、仕上げに蒸らす時間は含まず。

材料（2〜3人分）

切り干し大根……50g
にんじん……30g
油揚げ……1枚（30g）
●煮汁
　水……$1\frac{1}{2}$カップ
　本みりん……大さじ3
　しょうゆ……大さじ2
　砂糖……小さじ1

1 切り干し大根をもどす

水を入れたボウルで切り干し大根をさっと洗って汚れを落とし、水けを絞る。$\frac{1}{2}$カップの水を加え、泡が出るまでもみ洗いをして、水けを絞る。これをさらに2回繰り返す。ボウルをきれいにして、たっぷりの水をはり、切り干し大根を入れて10分おいてもどす。水けを絞り、長ければ食べやすく切る。

2 油揚げ、にんじんを切る

別のボウルにぬるま湯をはって油揚げをもみ洗いし、水けを絞る。縦半分に切って5㎜幅に切る。にんじんは皮をむき、3㎜厚さの斜め切りにし、少し重なるように並べてさらに3㎜幅の細切りにする。ⓐ

3 煮る

鍋に煮汁の材料を入れて中火にかけ、しっかり煮立たせる（こうするとアルコールがとんで苦みが煮汁に残らない）。切り干し大根、油揚げ、にんじんを入れてさっと混ぜる。再び煮立ったら、水でぬらして軽く絞ったキッチンペーパーをかぶせて火を弱め、ふたをして15分煮る。ⓑ

4 蒸らす

火を止めてコンロから下ろしてふたをしたまま約20分蒸らしたら、上下を返す。ⓒ

ⓐ 具材の太さをそろえておく

切り干し大根の太さにそろえて油揚げとにんじんを切ると、食べやすく、仕上がりもきれいに。

ⓑ ふたをしてふっくら煮含める

ふたをして煮ると、煮汁が蒸発せずに対流し具材にしっかり味がしみ込み、ふっくら仕上がります。

ⓒ 乾物の煮物は最後の蒸らしも大切です

煮上がった後に蒸らすことでさらにふっくら仕上がります。また、ゆっくり冷ましていくことでも味がさらに入ります。

覚えておいて　汁ごと冷凍できるので、作り置きおかずとして最適です。しいたけなどのきのこを加えてもおいしい。

五目豆

調味料を2回に分けて入れ香りを重ね、味わい深く

常備菜の定番、五目豆は調味料を2回に分けて入れるのがおいしく作るコツ。しょうゆとみりんは少し加熱すればフレッシュ感のある味わい、しっかり加熱すればコクのある香りと変化するので、2回に分けて加え、2つの味わいを重ねます。これで味の輪郭がしっかりして、昆布も加わえることで、だしがなくとも奥行きのある味わいの仕上がりに。

1/3量で
熱量 167kcal　塩分 1.8g

調理時間　約45分

※調理時間に昆布をもどす時間、ふたをして煮汁を含ませる時間は含まず。

材料（2〜3人分）

大豆の水煮……150g
にんじん……1/2本（80g）
れんこん……100g
こんにゃく……1/2枚（100g）
昆布（5×7cm）……2枚
●合わせ調味料
　本みりん……大さじ3
　しょうゆ……大さじ2
塩……小さじ1

1 野菜の下ごしらえをする

大豆の水煮は缶汁を切り、熱湯をかけて、水けを切る（熱湯をかけると豆のまわりについているサポニンなどの成分や特有のくさみが取れる）。にんじんは皮をむき、1cm厚さのいちょう切りにする。れんこんは皮をむいて1cm角にそろえるように切る。

2 こんにゃくの下ごしらえをする

こんにゃくは1cm角に切り、塩をふってよくもみアクを抜く（こうすると下ゆでの代わりになり、うっすら下味もつく）。塩が完全に溶けたら、流水で洗い、ざるに上げて水けを切る。

3 昆布の下ごしらえをする

ボウルに水$1\frac{1}{2}$カップを入れて昆布を浸し、約10分おく。やわらかくなったら取り出して包丁、またはキッチンばさみで1cm四方に切り、再びボウルの水に浸す。ⓐ

4 1回目の調味料を入れて煮立たせる

合わせ調味料のしょうゆとみりんを混ぜておく。鍋に3の水と昆布、合わせ調味料の半量を入れる。中火で煮立たせて、みりんのアルコール分をとばす。

5 具材を入れて煮る

中火のまま、大豆、にんじん、れんこん、こんにゃくを加える。ⓑ 煮立ったら弱火にする。水でぬらして軽く絞ったキッチンペーパーをかぶせる。ふたをして10分煮る。

6 2回目の調味料を入れて煮る

キッチンペーパーをめくり、残りの合わせ調味料を加える。キッチンペーパーをかぶせ直し、ふたをして煮汁を対流させながらさらに15分煮る。火を止め、ふたをしたまま20分ほどおく（もどした昆布や大豆に煮汁を含ませふっくらさせるため）。

ⓐ 2回水に浸ける理由

最初に水に浸けるのは、硬い昆布をやわらかくして切りやすくするため。小さく切ってから水に浸けるのは、うまみを出すためです。小さく切ることでさらにうまみがしみ出します。この水を煮汁に活用することで味わい深くなります。

ⓑ 5種の具材を一つの味に

煮汁が少なくても、煮るうちに野菜から水分が出てきます。その水分を昆布や大豆が吸って、さらにそのうまみをほかの具材が吸収します。こうして5種類の具材のうまみや風味が一体となって全体の味が作られていきます。

覚えておいて

五目豆は具材が小さく1粒ずつ口に運んで時間をかけて食べるため、満腹感を得やすく、食べすぎ防止になる料理です。

炒り豆腐

主役の豆腐に、具材のうまみをたっぷりと含ませます

豆腐に肉や野菜と具だくさんですが主役はあくまでも豆腐。水分が多い豆腐を、「水切り」と「焼き」の二段階で水分を抜き、具材や調味料のうまみを豆腐に含ませます。豆腐以外の具材も先に順に重ねて「焼いて」から「炒める」のがうまみを引き出すコツ。最後はフライパンに残った水分ごと卵でとじ、味をまとめ上げます。

材料（2人分）

木綿豆腐……1丁（300g）
鶏ひき肉……80g
卵……2個
にんじん……50g
生しいたけ……2枚
ねぎ……50g
しょうゆ……大さじ2
砂糖……大さじ1
ごま油……大さじ1

萬

½量で
熱量354kcal　塩分2.8g

調理時間　約20分

※調理時間に豆腐の水を切る時間は含まず。

1 豆腐の水を切る

豆腐は10等分ほどに手でちぎる。a バットにキッチンペーパーを2枚重ねて敷き、豆腐を並べ、約20分おく。

2 具材を切る

にんじんは皮をむき、長さがそろうように角度を変えながら斜めに切る。ずらして重ねて広げ、3㎜幅のせん切りにする。ねぎは5㎜幅の小口切り、生しいたけは軸を切って3㎜幅の薄切りにし、軸は3～4つに手で裂く。

3 具材を焼く

フライパンにごま油を中火で熱し、ひき肉をちぎるようにして入れる（かたまり感を残しておくと食べ応えが出る）。にんじんを肉の上にのせるように広げ、その上に、しいたけとねぎをのせる。そのまま2分焼き、上下を返してさっと混ぜて炒める。ⓑ

4 豆腐を焼いて、炒める

フライパンの中央をあけ、豆腐を並べる。そのままさわらず2分焼く（こうすると豆腐の水分が抜ける）。へらで豆腐を割るようにしながらほぐし、水分をとばしながら全体が均一になるまで炒める。

5 調味料を加える

やや火を強める。全体の水分がなくなってきたら中央をあけて、砂糖、しょうゆを順に加える。調味料だけを混ぜてひと煮立ちさせてから全体を混ぜ合わせる。ⓒ

6 卵を加える

器に卵を割り入れ、白身と黄身のむらが残るくらいに軽く溶いたら、フライパンに回し入れる。少しおいて、フライパンのふちにふれた卵が固まってきたら、大きく20回ほど全体を混ぜて均一にする。

ⓐ 手でちぎって水切れをよく
豆腐はちぎって表面積を増やすことで、キッチンペーパーに広げておくだけで、自重で十分水けが抜けます。

ⓑ 炒める前の焼きが大事
重ねて焼くのは、肉に具材でふたをして蒸すようなイメージです。はじめは、さわらず焼くと素材の香りが立ち、水分が抜けて熱がいきわたります。

ⓒ 調味料をひと煮立ちさせて香ばしく
中央をあけて加えた調味料をひと煮立ちさせて香ばしくしてから全体を混ぜると、うまみが煮詰まり香りよく仕上がります。

覚えておいて　アスパラガスやさやいんげんなどを加えると彩りがよくなります。

なすの煮びたし

少ない油で上手に焼いて、まるで揚げたようなコク深さに

なすと油は好相性。油でなすのうまみを引き出して、色よく仕上げます。ただしなすは火が通りにくく味もなじみにくいので、皮に切り目を入れ、上からも油をかけて油をいきわたらせるのがコツ。油をよく吸収するなすは低温からじっくり揚げ焼きにすると少ない油でもしっかり火が通り、とろんとした食感になります。弱火でじっくりと味を煮含めたら後引くおいしさに。

$1/3$量で
熱量 192kcal　塩分 1.2g
調理時間　約40分

※栄養計算値は煮汁を70%摂取した場合の値。調理時間にだしをとる時間は含まず。

材料（2〜3人分）

なす……3〜4本（320g）
煮干し……5〜6本
ごま油……大さじ4
しょうゆ……大さじ2
本みりん……大さじ2

1 だしをとる

煮干しは頭とわたを取り除く（煮干しのわたは、脂が酸化して苦みがあるため）。ボウルに水$1\frac{1}{2}$カップを入れて煮干しを浸けて、30分おく。

なすの煮びたし

2 なすを切る

なすはへたを取り、残ったがくの部分をぐるりと1周むくように切って縦半分に切る。皮に1～2㎜幅、7㎜深さの切り目を斜めに入れる。ⓐ

3 焼く

フライパンにごま油の半量をひろげ、皮目を下にしてなすを並べたらスプーンで残りの油をなすの表面にかける。ⓑ そのまま中火で4～5分焼き、皮に焼き色がついたら上下を返して、2～3分焼きながら果肉にもしっかり焼き色をつける。箸ではさんでみてやわらかさを確認したら、油を切って取り出す。

4 煮汁を作る

火を止めてフライパンの油を拭き取り、**1**のだし、しょうゆ、みりんを加える。煮干しはそのまま加えて、具にする。中火にかけ、ひと煮立ちさせる（アルコール分がとんで苦みが残らない）。

5 煮る

皮目を上にして、なすを入れる。再び煮立ったら弱火にし、水でぬらして軽く絞ったキッチンペーパーをかぶせ、15分煮る。ⓒ

ⓐ ていねいな包丁仕事が大事です

なすに細かく切り目を入れておくことで、味のしみ込みと火の通りがよくなります。

ⓑ 上下から油をいきわたらせます

少量の油でおいしく仕上げるには、冷たいままやわらかな果肉にかけることです。スポンジ状の果肉の上で冷たい油が下からの火でゆっくり加熱されることで、一気に果肉に吸われてしまうことなく少しずつ全体に広がり、なすのうまみが引き出されます。

ⓒ キッチンペーパーをかぶせる理由

水でぬらしたキッチンペーパーをかぶせることで少ない煮汁でも全体にいきわたり、果肉にしっかり味が入ります。

覚えておいて　なすと同じ夏野菜のパプリカを加えても。パプリカも味が入りにくいので、皮に切り目を入れます。

揚げ出し豆腐

さっくりしたころもとやわらかな豆腐。食感の違いを楽しみます

軽い食感のさっくりしたころもとやわらかな豆腐。食感のコントラストをつけるために、豆腐は軽く水切りをしてふんわりとした食感を保ちます。片栗粉のころもはたんぱく質を含まないため揚げ色が淡く、つゆと合わせてもほどよく溶けて重くならず、見た目も美しい仕上がりに。しょうゆとみりんに削り節を加えた簡単なだしつゆで手軽に作ります。

1/2量で
熱量 309kcal　塩分 1.4g

調理時間　約20分

※調理時間に豆腐の水を切る時間は含まず。

材料（2人分）

木綿豆腐……1丁（300g）
片栗粉……大さじ5〜6
大根おろし……100g
あれば青ねぎ（斜め切り）……適宜
●だしつゆ
　水……1/2カップ
　しょうゆ……小さじ4
　本みりん……小さじ4
　削り節……2パック（10g）
揚げ油……1/2カップ

1 豆腐の水けを切る

豆腐は4等分に切る。一つずつキッチンペーパーに包み、20分おく。a

2 だしつゆを作る

だしつゆの材料を小鍋に合わせて中火にし、煮立ったら1分煮てアルコール分をとばす（パックの削り節は表面積が大きいのですぐにだしが出る）。ボウルにキッチンペーパーを敷いた万能こし器を重ねて流し入れてこし、ゴムべらなどで軽く押して絞る。

3 片栗粉をつける

バットに片栗粉を広げ、キッチンペーパーを外した豆腐を置き、すべての面にまんべんなくまぶす（揚げ出し豆腐は揚げごろもも味の重要な要素なのでたっぷりまぶしてもよい）。

4 揚げる

豆腐の下が油に少し浸かるくらいの小さめのフライパンを用意する。油を中火で3分熱して160〜170℃にする（片栗粉を落とすと、表面でチリチリするくらいの温度。温度が低いと、ころもがはがれやすくなる）。豆腐をすべて入れ、1面を1分30秒〜2分さわらずに揚げたら転がして次の面を同様に揚げ、合計9分くらい揚げる。

5 盛りつける

器に盛り、だしつゆをかけ、キッチンペーパーの上で形を整えた大根おろし、あれば青ねぎを添える。ⓑ

ⓐ 重しをせず、やわらかに

水切りが不十分だとうまく揚がりませんが、重しをしてしまうと豆腐のやわらかさが失われてしまいます。そこで、一つずつキッチンペーパーに包んで豆腐自身の重さによって出てくる水分を除きます。豆腐は木綿豆腐のほうがうまみが濃いうえ、水分が出やすく、くずれにくいのでおすすめ。

ⓑ 大根おろしはキッチンペーパー上でまとめて

大根おろしは、キッチンペーパーの上で形を整えると自然に水けが切れてほどよい状態になります。

覚えておいて　ゆでたスナップえんどうを添えたり、大根おろしを水菜に替えたりして緑の野菜を加えてもおいしい。

里芋の煮ころがし

ぬめりを生かして、こっくり甘辛味に仕上げます

里芋を使った料理はぬめりを取る下処理がつきものですが、煮ころがしは、このぬめりを生かして表面にとろみをつけ、転がすようにして甘辛味をまとわせることで仕上げます。味つけはしょうゆに酒と砂糖を加えて作るしっかりした甘辛さがポイント。煮る前に一度炒めて香ばしさをプラスするひと技も加えれば、しみじみとおいしい一品になります。

1/3量で
熱量 166kcal　塩分 1.7g

調理時間　約30分

材料（2～3人分）

里芋（小ぶりで丸いもの）……8～10個（350～400g）
サラダ油……大さじ1
●煮汁
水……1 1/4カップ
酒……1/2カップ
砂糖……大さじ2
しょうゆ……大さじ2

里芋の煮ころがし

1 里芋の下ごしらえをする

里芋は水をはったボウルに入れて泥を落とし、たわしで皮をこすり取る。皮が残っていたら包丁でむく。キッチンペーパーで泥や汚れを取り、大きいものは斜め半分に切って大きさをそろえる（斜めに切ると表面積が増えて、味がからみやすい）。

2 里芋を炒める

鍋に油を入れて中火で熱し、油がサラサラになったら里芋を入れて木べらで転がして油を全体にからめるようにして2～3分炒める（油を熱してから加えるとぬめりのある里芋が鍋肌にくっつきにくい）。ⓐ

3 里芋を煮る

火を止めて煮汁の材料を水から順に加えて中火で煮立たせる（少しゆすってなじませるとよい）。ひと煮立ちしたら、水でぬらして軽く絞ったキッチンペーパーをかぶせて20分煮る。ⓑ 途中でキッチンペーパーをめくって上下を返して、再びかぶせる。

4 里芋を転がしながら煮る

キッチンペーパーを外し、火を強めて木べらで絶えず転がしながら煮て、煮汁が大さじ2くらいまで減ったら火を止める。

ⓐ 煮る前に油で炒める理由

煮る前に炒めておくことで、香ばしい風味が出て調味料に移ります。

ⓑ ぬめりを引き出すひと工夫

火を止めてから煮汁の材料を加えるのは、冷たい状態から煮ることで里芋のぬめりを引き出すため。煮汁が多めなのも同様の理由です。ふたをしないで煮ることで、水分がとんで濃い煮汁になります。

覚えておいて しいたけやしめじを加えると、よりヘルシーな一皿に。加えるのは3の「煮る」タイミングで。

鍋しぎ

なすはしっとりとろり。ピーマンは歯応えよく

なすとピーマンのみそ炒めである鍋しぎは、それぞれの特長を生かす調理をするのがポイントです。なすはしっかり焼いて、とろりとした食感と香ばしさを引き出し、ピーマンは軽く炒めて、歯応えを残します。「焼く」「炒める」それぞれの調理の違いを意識して6割火を通し、最後に調味料を加えてしっかり煮立たせて火を通すと抜群の仕上がりに。

$^1/_3$量で
熱量 82kcal　塩分 2.6g

調理時間　約25分

材料（2～3人分）

なす……3本（200g）
ピーマン……3～4個（100g）
●**合わせ調味料**
- 砂糖……大さじ1
- しょうゆ……大さじ1
- みそ……大さじ1

ごま油……大さじ1
塩……小さじ$^1/_2$

1 ピーマンとなすを切る

ピーマンはへたを押さえてお尻のほうから斜めに包丁を入れて切る。切ったら包丁の位置を変えずにピーマンを90度回転させてまた切るようにして、6～8等分の乱切りにする（お尻のほうから乱切りしていくと、へたと種だけきれいに残り、まな板が汚れない）。なすはへたとがくを除き、同様に8～10等分の乱切りにする（皮が均等になるよう、同じ形に切るとよい）。

2 なすの下ごしらえをする

なすをボウルに入れ、塩と水大さじ2をふり、まぶして10分おく。両手で軽くにぎって水けを絞り、キッチンペーパーでなすをつかむようにして水けを拭く。ⓐ

3 調味料を混ぜる

小さな器に合わせ調味料の砂糖としょうゆを入れて混ぜる。砂糖が溶けたらみそを加えてスプーンを器に押し当てるようにしてみそを溶かし、しっかり混ぜる。

4 なすを焼いてから炒める

フライパンにごま油を中火で熱し、なすを重ならないよう広げたら、さわらずにそのまま2分焼く。ⓑ ピーマンを加えてさっと油をからめるようにして2分炒める。

5 調味料を加える

フライパンの中央をあけ、合わせ調味料を加えて絶えずへらで混ぜながら煮立たせてから全体にからめ、2～3分炒める。ⓒ

ⓐ なすの火の通りをよくします

このひと手間で水分とアクが抜け、下味をつけながらなすの火の通りをよくすることができます。

ⓑ なすをしっかり焼いて食感よく

ここでしっかりなすを焼いておくことで、料理全体に香ばしさが加わるとともに、なすに油がいきわたってよく火が通り、とろりとした食感になります。

ⓒ 香ばしく煮立たせてからからめます

あつあつのフライパンの中央に調味料を入れることで、香ばしさを引き出します。煮立たせてからからめることで水っぽくなりません。

覚えておいて　ピーマンを半量にして、しめじやエリンギなどを加えるアレンジも。

だし巻き卵

だし巻き卵の魅力は、たっぷり含んだだしの味わいとやわらかな食感。卵に対してだしの量が多くなるほど、固まりにくくなるため、だし溶き片栗粉を加えて、だしを閉じ込めます。油を多く使い、卵焼き器をしっかり温めた状態で卵液を流し込むと、ふんわりと巻けます。巻く際は毎回火から外せば、焦げずにきれいな仕上がりに。

たっぷりのだしを
卵の中に
閉じ込めます

1 だし溶き片栗粉を作る

だし汁は冷やしておく。ⓐ ボウルに片栗粉を入れてだし汁を少しずつ加えてはよく混ぜる。残りの調味料を加えて、よく混ぜる。

材料（13×18cmの卵焼き器1台・2人分）

卵……4個
大根おろし……適宜
●だし溶き片栗粉
　だし汁……120ml
　（※だしのとり方はP11参照）
　片栗粉……小さじ2
　しょうゆ……小さじ1
　本みりん……小さじ2
サラダ油……大さじ3～4
しょうゆ……少々
あれば青じそ……1枚

2 卵液を作る

別のボウルに卵を割り入れる。卵黄を先にくずし、菜箸の先をボウルの底につけたまま、40～50回ほど左右に動かしてほぐし混ぜる。だし溶き片栗粉を少しずつ加えて、よく混ぜたら万能こし器をボウルに重ね、卵液を流し入れてこし、なめらかな卵液にする。ⓑ

3 卵焼き器を準備する

卵焼き器を強火で約2分しっかり加熱する。折りたたんだキッチンペーパーを油に浸し、卵焼き器の隅々まで油をなじませる。ⓒ

4 卵を焼く

卵液を落とし、ジュッとなることを確認したら、卵液をひと混ぜして、おたま8分目（40～50ml）を流し入れ、全体に広げて強火で一気に焼く。卵液がふくらんだら箸で穴をあける。ⓓ

ⓐ 冷えただしを使います
片栗粉に温かいだしを加えると固まってとろみが出てしまうため、冷えただしを使います。

ⓑ 卵液はこします
卵は油分の多い卵黄とほぼ水分の卵白という異なる性質を持つ2つの部分からなり、本来は混ざりづらいものです。そこに多めのだしと片栗粉が混ざるので一体化するように一度こします。

ⓒ 角までしっかり油をなじませます
ここでしっかり油をなじませておくことで、卵焼き器にまんべんなく熱がいきわたり、卵が焦げつかず、均一に火が通って上手に巻けます。

ⓓ 空気を抜いて焼きます
卵液の一部がふくらんだときは箸でつぶすと、火の通りにむらが出ません。

ⓔ 多少のくずれはアルミホイルの中で整えられます
多少くずれたりむらがあっても、温かいうちに包んで形を整えれば大丈夫です。少しおくと中のだしが流れず、きれいに切れます。

5 火から外して巻く

卵の表面が全体的に乾いてきたら、火から外す。箸やへらを使って、手前に向かってたたむようにして2～3重に巻く（はじめは多少形がくずれても大丈夫。卵焼き器を前後上下に動かし反動を利用しながら巻くのがコツ）。

6 卵を奥にずらす

焦げやかけらをキッチンペーパーで拭き取る。卵焼き器を傾けて卵を奥へずらす。焼く面の隅々まで再び油をなじませる。

7 焼く・巻く・ずらすを繰り返す

卵焼き器を再び強火にかけ、しっかり熱くなっていることを確認して卵液を加える。先に焼いた卵を少し持ち上げ、下と左右に卵液をまんべんなくいきわたらせる（焼けた卵のふちに菜箸をそわせはがしておくと楽）。同様に巻いて、卵液がなくなるまで繰り返す。最後まで巻いたら、軽く表面を焼き固める。

8 形を整える

アルミホイルにあけて、包んで形を整える。e 粗熱が取れたら切り分け、器に盛って大根おろし、あれば青じそを添えて大根おろしにしょうゆをかける。

1/2量で
熱量 185kcal　塩分 0.9g

調理時間　約20分

※調理時間に粗熱を取る時間は含まず。

覚えておいて　たっぷりの青ねぎやちぎったのりなどを巻き込んだりするヘルシーアレンジもおすすめ。

焼きなす

皮の焦げは、調味料の一つ。
躊躇せず、しっかり焼きます

焼きなすのコツは、皮がしっかり焦げるまで焼くこと。焦げた香りがうまみになります。なすは皮の部分に火が通りにくいため、切り込みを入れて水蒸気の逃げ道を作り、破裂を防ぎます。皮むきは冷水にとる方法もありますが、香りと甘みが抜けるので、そのままむくのが理想。へたを残して持ち手にする、ぬれぶきんやトングを使うなど火傷に注意しながらむいてください。

1/2量で
熱量 33kcal　塩分 0.4g

調理時間　約20分

材料（2人分）

なす……4本（300g）
しょうがのすりおろし……1かけ分
しょうゆ……少々
あれば青じそ……1枚

1 なすのがくをむき取る

なすはへたのつけ根に包丁でぐるりと浅く切り込みを入れ、がく（ひらひらしたとげの部分）をむき取る。a

2 切り込みを入れる

なすのお尻の部分を5㎜ほど切り落とす。間隔をあけて縦に2本、中心まで深く切り込みを入れる。b

3 強火でしっかり焼く

焼き網を十分に熱し、なすの向きを交互に並べ、アルミホイルをかぶせる。ときどき転がして上下を返して再びアルミホイルをかぶせるようにして8〜10分強火で焼く（皮が真っ黒になってよい）。

4 焼き具合を確認する

菜箸で押さえ、全体がしんなりして、切り込みから水分が出てくるのを確認する（必ず最後に太い部分を押して確認する。よく焼いたほうが皮と身がはなれやすい）。

5 皮をむく

アルミホイルを敷いたまな板に取り、へたを乾いたキッチンペーパーでくるむようにして片手で持ち（火傷に注意）、なすを押さえて、お尻からへたに向かって手早く皮をむく（熱いので小さなトングを使うとスムーズに作業できる）。c

6 仕上げる

キッチンペーパーで水けを軽く拭き取り、へたを切り落として、食べやすい大きさに切る。しょうがのすりおろしとあれば青じそを添え、熱いうちにしょうゆをかけて食べる。d

a へたが後から役に立ちます
へたはつけたままにするのは、焼いて身がやわらかくなったときに持ち手になり、扱いやすいからです。

b 皮を切っておく理由
一番固いお尻の部分を切り落とすと火通りがよくなり、焼いている途中での破裂を防ぎます。皮に切り込みを入れると火の通りがよくなり、あつあつの皮をむくのも楽になります。

c 熱いときは冷水にとって
冷水にとらないほうが、焼いた香りとうまみが残ります。熱さが気になるときは、冷水にとっても。しっかり水けは拭き取ります。

d 熱いうちにしょうゆをかけて
あつあつでしょうゆをかけると、なすの熱でしょうゆの香りが引き立ちます。

覚えておいて　しょうがをたっぷり加えることで、しょうゆのかけすぎを防ぎます。

ふろふき大根

下ゆでしておくことで、やわらかく。煮込みで、味をしみ込ませます

ふろふき大根は、箸がスッと通るやわらかさが最大の魅力です。大根をやわらかく仕上げるには部位選びも肝心。水分の多い上部か中央を選びましょう。皮むきは、外側だけでなく内側にある繊維質のところまで取り除けるよう厚めに。下ゆでに30分、煮込みに20～30分と、２回に分けて火を入れるひと手間も大事です。

$\frac{1}{4}$量で
熱量 69kcal　塩分 1.7g

調理時間　約70分

※栄養計算値は煮汁を50%摂取した場合の値。調理時間に粗熱を取る時間は含まず。

材料（4人分）

大根（上部か中央）…12cm
米…大さじ1
ゆずの皮（仕上げ用）…少々

●煮汁用

本みりん…大さじ3
しょうゆ…大さじ1
塩…小さじ$\frac{1}{2}$
昆布（10×10cm）…1枚

●ゆずみそ

砂糖…大さじ1～$1\frac{1}{2}$
白みそ…大さじ3
ゆずの皮…少々

1 切る

大根は3cm幅の4等分に切り、皮は5mm厚さにむく。a 切り口の両面の角をぐるりとそぐ（面取り）。切り口の片面に約1cm深さの十字の切り込みを入れる。

2 下ゆでする

鍋に、切り込みを入れた面を下にして大根を並べる。かぶるくらいの水と米を入れる。中火にかけ、煮立ったら弱火にして、約30分ゆでる。火を止め、そのまま粗熱を取ったら、ボウルにはった水で洗う。ⓑ

3 煮る

鍋をきれいにして水3カップ、煮汁用の材料を入れ、中火にかける。煮立ったら、昆布を下に敷くようにして、切り込みを入れた面を下にして大根を入れる。水でぬらして軽く絞ったキッチンペーパーをかぶせ、ふたをせず、弱火で20～30分煮る。ⓒ

4 ゆずみそを作る

ボウルにゆずみその材料の白みそと砂糖を混ぜ合わせ、**3**の煮汁大さじ1～2を加えて混ぜる（砂糖が溶け、みそが大根にからみやすくなる）。ゆずの皮の表面をおろし金ですって加える。器に4等分に切った昆布を敷いて煮汁を注ぎ、大根をのせてゆずみそをかけ、そいだゆずの皮をのせる。

ⓐ 大根の特徴をとらえて

大根は下部にいくほど、水分は少なく、繊維は多くなり硬くなります。やわらかく仕上げたいふろふき大根には、葉に近い上部か中央の部分を使います。また、大根の断面を見ると皮とその内側の身の境目が分かります。身の部分が表面に出るよう、皮を厚めにむきます。皮が残っていると筋っぽくなり、火の通りも悪くなります。

ⓑ 米でゆっくり火を通す

大根のアクやえぐみを抜いて味わいのよさを引き出します。米のとろみのついた湯でゆでることでゆっくり火が通り、大根がやわらかくなります。最後に米のとろみを取るための水洗いをしておきます。夏場の大根の場合は硬いのでゆで時間を40分くらいにして。

ⓒ ふたはしないで煮ます

大根の繊維質がくずれ、適度に煮汁が入るよう、80～90℃を保ちながら煮ます。そのために、ふたはしません。夏場の大根は硬いので煮る時間は30～40分と長めに。

覚えておいて　煮込みが終わる10分ほど前に小松菜やブロッコリーなど緑の野菜を加えてもおいしい。

土佐煮

たけのこを濃い味つけでしっかり煮るシンプルな料理です。削り節をいって香りとうまみをしっかり引き出せば、だし汁を使わなくても大丈夫。味のしみにくいたけのこも、ころものように削り節をまとわせることで、深い味わいが生まれます。塩分を抑え、みりんを多めに使うことで、上品な甘さが引き立つ仕上がりに。

いった削り節を
たっぷりまとわせます

材料（3人分）

ゆでたけのこ
……1～2本（300g）
削り節……10g
●煮汁
水……1カップ
本みりん……大さじ4
しょうゆ……大さじ2

1/3量で
熱量 108kcal　塩分 1.7g

調理時間　約45分

1 削り節をいる

鍋に削り節を入れ、弱めの中火にかける（フライパンより鍋を使ったほうが深さがあって香りがこもるためにいり加減が分かりやすく、温度も上がりすぎない）。絶えず混ぜながら3～4分いったらすぐにバットに取り出して冷ます。ⓐ

2 たけのこを切る

たけのこは縦に2～4等分に切ってから、大きめの乱切りにする（穂先のほうはやや大きく切り、全体の大きさをそろえるとよい）。切ったときにたけのこの中から白い粒々（チロシン）が出てきたら、洗い流す（残っているとえぐみの原因になる）。

3 煮汁を作る

1の鍋に煮汁の材料を入れて、削り節の半量を加える。中火にかけ、煮立たせる。ⓑ

ⓐ **直火いりで強い香りを**
削り節はいって熱を加えることで香りが強くなります。水分も抜けるので、からめると一気にうまみが煮汁となじみます。また、いることで細かくなるので、舌ざわりもよくなります。焦がさないようじっくりいるようにして。

ⓑ **みりんのアルコール分をとばしておきます**
一度しっかり煮立たせるのは、みりんのアルコール分をとばすためです。アルコール分が残っていると苦みにつながります。

ⓒ **味わいの異なる2つの削り節**
煮汁に加えて調味料とたけのこのうまみを含んだ削り節と、最後に加える香ばしさと食感のある削り節。味わいの異なる2種類の削り節をたけのこにまとわせることで、深みのある仕上がりに。

●たけのこの下ゆで

1 洗って、切る

たけのこ(4～5本〈2kg〉)はよく洗って2～3枚皮をむき、穂先1/4ほどを切り落とす。穂先の切り口に1.5～2cm深さの切り込みを入れ、そのまま包丁を軽く手前に引き、根元の切り込みは5mm程度にして縦に1本の切り目を入れる(この切り目が皮をむくときのきっかけになる)。根元の硬い部分は1cmほど切り落とす。

2 ゆでる

深めの鍋にたけのこがかぶるくらいの水、米(大さじ6)を入れて中火にかける。煮立ったらアクを取り、水でぬらして軽く絞ったキッチンペーパーをかぶせ、弱火で1時間を目安にゆでる。途中、たけのこが湯から出たら水を足す。太い部分に切り込みから竹串を刺して抵抗なく入れば、ゆで終わり。火を止め、鍋のまま粗熱が取れるまでおく。

3 保存する/使う

冷めたら水でよく洗い、切り目から指を入れ、皮をむく。保存するときは、皮を3～4枚むいて残りの皮はつけたまま密閉容器に入れ、かぶるくらいの水を注いで冷蔵庫に入れる(皮がついているほうが保存する間にうまみが抜けにくい。1～2日に1度水を取り換えて1週間ほどで使い切る)。たけのこの根元の突起は菜箸でこそいできれいに落とすと見た目がよくなる。

4 煮る

たけのこを加えて再び煮立ったら、水でぬらして軽く絞ったキッチンペーパーをかぶせる。ふたをせず、中火のまま20～25分煮る。煮汁が1/3ほどに減ったらキッチンペーパーを取り、水分をとばしながら煮る。

5 残りの削り節をまぶす

煮汁がほぼなくなったら残りの削り節を加えて、全体にまぶして火を止める。C

覚えておいて　たけのこを半分にして、しいたけやれんこんを加えてもおいしく作れます。

あさりの酒蒸し

貝料理は時間が勝負。ふっくらとしたやわらかさが違います

あさりの強いうまみを生かしたシンプルな料理、酒蒸し。砂抜きは2％の塩水に浸し、あさりが棲む海の浅瀬の砂の中のような環境に置きます。身のやわらかなあさりに火の通しすぎは禁物。加熱時は口が開いたものからすぐに取り出して調味することで、やわらかさをキープして仕上げられます。

$\frac{1}{2}$量で
熱量 48kcal　塩分 1.6g

調理時間　約15分

※調理時間にあさりの砂抜きの時間は含まず。

材料（2人分）

あさり（殻つき）……350g
●塩水
　水……$1\frac{1}{2}$カップ
　塩……小さじ1
酒……$\frac{1}{4}$カップ
しょうゆ……小さじ$\frac{1}{2}$〜1
あれば青ねぎ（斜め切り）……適宜

1 あさりの砂抜きをする

あさりは洗わず常温にしておく。塩水の材料を混ぜ合わせる。あさりをバットに重ならないように広げ、塩水をひたひたに注ぐ。アルミホイルでふたをして暗くして30分ほどおく。ⓐ

2 あさりを洗う

流水で、または、ボウルの水を2～3回換えながら、貝殻どうしをこするようにして殻の溝の間に入っている砂をしっかり洗って取る。ⓑ

3 ふたをして煮立たせる

フライパンに水$\frac{1}{4}$カップと酒、あさりを入れ、ふたをして強火で煮立たせる。あさりの口が開いてくるので必ず様子を見守るようにする。ⓒ

4 あさりを取り出す

あさりの口が開き始めたら中火にする。開いたものから手早くバットに取り出す。ⓓ バットにたまった汁だけフライパンに戻し、アクを取る（汁は貝のうまみたっぷりなので残さず戻す）。

5 しょうゆを加えてあさりを戻す

しょうゆを加えて、ひと煮立ちさせる。味をみて足りなかったらしょうゆを少しずつ加えて味を調える。あさりをフライパンに戻し、身と殻の中に煮汁をからめる。あれば青ねぎを加えて軽く混ぜて器に盛る。

ⓐ 海の環境を作って砂抜きを

分量の塩水は海水に近い濃度2％ほど。ひたひたの加減はあさりが8割ほど浸かるくらいが目安です。暗くしてあさりが生息する砂地に近い環境にすると、殻から2本の管を出して、砂を外へ吐き出します。

ⓑ 溝の間までよく洗って

貝の殻の部分には、汚れや砂がたまっています。また、砂抜きのときの塩水もついているので、よく洗わないと味にも影響します。

ⓒ ふたをして煮る理由

あさりの身を硬くしないために、強火でふたをして、短時間で火を通します。酒は沸点が低いので十分煮立たせてもあさりの身はふっくらしたまま火を通すことができます。

ⓓ 手際のよさでやわらかく

あさりは加熱時間が長いとすぐ硬くなり、小さくなります。手早く取り出すことが、仕上がりをよくします。

覚えておいて　きのこ類を加えれば、かさ増しになるうえ、うまみも加わりさらにコク深く仕上がります。

卯の花

だし汁を使わず、素材のうまみと甘みで深みを出します

和の定番の常備菜、卯の花。最初にちくわ、にんじん、ねぎなどの具材をごま油でしっかり焼いて炒めることがポイントです。うまみと甘みを引き出すことで、だしを使ったような深みが出ます。おからの水分を抜きたっぷりの煮汁で時間をかけて煮ることで、具材のうまみをしっかり吸って、しっとりとした極上の仕上がりになります。

1/4量で
熱量 129kcal　塩分 1.0g

調理時間　約30分

※調理時間に粗熱を取る時間は含まず。

材料（3～4人分）

おから……100g
にんじん……1/2本（80g）
ちくわ……2本
生しいたけ……3枚
ねぎ……50g
ごま油……大さじ2
●煮汁
　水……1カップ
　砂糖……大さじ1
　しょうゆ……大さじ1
　本みりん……大さじ1

1 材料を切る

にんじんは皮をむいて縦半分に切って5㎜厚さのいちょう切りにする。生しいたけはかさと軸を切り離し、軸は石づきを落として薄切りに、かさは5㎜厚さに切る。ねぎ、ちくわは5㎜厚さに切る。ⓐ

2 焼いて炒める

鍋にごま油を入れて中火で熱し、にんじんを下に敷き、ちくわ、ねぎ、しいたけを広げる。1～2分動かさずに少し焼き色がつくまで焼いたら、1分炒める。b

3 おからを加えて炒める

おからを加えて、中火のまま水分をとばすように混ぜ、鍋肌におからがつかなくなるまで2分ほど炒める。c 煮汁の材料を加える。

4 煮る

煮立ったら弱火にし、16～17分ゆっくり煮詰める。炒めはじめと同じくらいおからがしっとりやわらかくなったら、へらで寄せても戻らないくらいで好みの加減に仕上げる。d 粗熱を取って味をなじませる。

a 厚め、大きめに切ります

これらの具材は香ばしさや味わいを引き出す大切なだしのもとになります。特にちくわとねぎはそれぞれの甘みがおからに移ることで卯の花らしい味わいになる大事な材料。焼いたり、長時間煮たりしても、形が残るように、やや厚め、大きめに切っておきます。

b 2分の焼きで味わい深く

しいたけやねぎは油を吸いやすいので、多めの油を熱したら先ににんじんを下に敷くようにします。はじめに動かさずに焼くのは、ねぎやにんじんからは香ばしさを、ちくわからは濃い味わいを引き出すためです。

c おからをほろほろに

ほろほろの状態まで水分を抜くことで、あとで加える煮汁をおからに吸わせることができます。

d もとのやわらかさに戻します

煮汁を加えると、ポタージュスープのようなとろみになります。ここからゆっくりと煮詰めることで、調味料がおからになじみながらしっとりやわらかい状態に戻っていきます。仕上がりの目安は、炒めはじめのおからよりややしっとり加減です。

覚えておいて　おからに含まれる食物繊維は100gあたり約12g。ヘルシーな常備菜です。

きゅうりとわかめの酢の物

基本の下処理をていねいに。見た目も味わいも格段に変わります

シンプルな小鉢は素材のていねいな下処理がなにより大切です。きゅうりは2㎜がちょうどよい厚さ。塩水で和えて水分を抜くことで、ほどよい塩加減と食感になります。わかめは身が厚い塩蔵を使い、合わせ酢をたっぷり吸わせて食感よく仕上げます。また、きゅうりとわかめの大きさをそろえることもコツ。食べたときの味わいのバランスのよさが違います。

½量で
熱量 29kcal　塩分 1.0g

調理時間　約30分

※栄養計算値は合わせ酢を50％摂取した場合の値。調理時間にわかめをもどす時間は含まず。

材料（2人分）

きゅうり……2本（200g）
わかめ（塩蔵）……20g
しょうが……½かけ

●塩水
- 水……大さじ3
- 塩……小さじ½

●合わせ酢
- 砂糖……大さじ1
- 酢……大さじ3
- 塩……小さじ¼
- しょうゆ……小さじ1

塩（板ずり用）……適量

1 きゅうりを切る

きゅうりはまな板にのせて、1本につき小さじ1の塩をまぶして、塩が半分溶けるくらいまで転がす（板ずり）。a 水洗いしたら水けを拭き取り、2㎜厚さの小口切りにする（ほんの少し斜めに包丁を入れるようにして切ると、切ったきゅうりが転がっていかない）。

2 塩水になじませる

塩水の材料を合わせる。ボウルにきゅうりを入れて塩水をふり、上下を返すように混ぜて15分おく。b

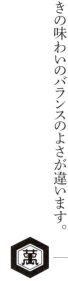

3 わかめをもどして切る

わかめは洗って塩を落とし、2カップの水に15～30分浸し、つまむと弾力があるくらいにもどす。再び洗い、筋を包丁または手で取り、ていねいに広げる。きゅうりの大きさにそろうよう2㎝四方を目安に切る。ボウルにざるを重ねてわかめを入れ熱湯をかけ湯を切って、冷水に取る。c さらに水を切って、キッチンペーパーで押さえ、水けをしっかり取る。

4 合わせ酢を作り、しょうがを切る

合わせ酢の材料を混ぜ合わせる（砂糖は溶けにくいので、ジャリッとした食感が残らないようよく混ぜる）。しょうがは皮をむいてせん切りにする。

5 きゅうりを絞る

きゅうりは何度かに分けて、やや多めに手にのせ、両手ではさむようにして水けを絞る（こうすると食感と香りが残る）。

6 合わせ酢を加えて和える

わかめときゅうりを合わせ、合わせ酢大さじ1～2をからめ、軽く汁を切る。残りの合わせ酢としょうがを加えて、軽く和える。d

a 転がすことでよさを引き出します
板ずりは、表面のブルーム（白い粉）や、いぼを取る、発色をよくする、苦みやえぐみを取るほか、皮目に味が入りやすくなるなどのメリットがあります。

b 塩水でまんべんなく味つけ
塩をふらず塩水にすることで、きゅうりの組織を壊さずに均等に塩味が入ります。料理には海水に近い3％の塩水である「たて塩」をよく使用しますが、このレシピでは6％の塩水にすることで、短時間で水分を抜き、ほどよい塩分と食感を残します。

c ていねいな下処理で
熱湯をかける理由は、わかめの発色がよくなり、身が締まるだけでなく、余分な塩分や磯くささを抜くためです。

d 合わせ酢は2回に分けて
1回目は具材から出てきた水分を除き、下味をつけるため。2回目はしょうがも加えて香りと辛みをつけるためです。2回に分けて調味することで味わい深く。

覚えておいて　だし汁を合わせ酢に少し足すとうまみが加わり、減塩にも。

ほうれん草のおひたし

しょうゆ水で だしを加えずにおいしく仕上げます

おひたしはゆですぎないことがコツ。ゆでる前の水揚げのひと手間も大切です。葉にハリが出るだけでなく、水分を含んで火の通りがゆるやかになり、ゆですぎ防止に。しょうゆを水でのばすしょうゆ水を「しょうゆ洗い」と仕上げの2回に分けて使うのもポイントです。ほうれん草に均等に下味がつき、仕上げの削り節ともよくなじんで上品な仕上がりに。

1/2量で
熱量 21kcal　塩分 1.0g

調理時間　約15分

※調理時間にほうれん草を水揚げする時間は含まず。

材料（2人分）

ほうれん草……150g
削り節……適量
●しょうゆ水
　水……大さじ3
　しょうゆ……大さじ1

1 ほうれん草を洗い、水揚げする

ほうれん草は根元を広げるようにして洗う（**ほうれん草の根元や葉の葉脈の溝には土が入り込みやすい**）。根元の先端に十字に切り込みを入れる。水を入れたボウルに根元から浸け、20分おく。ⓐ

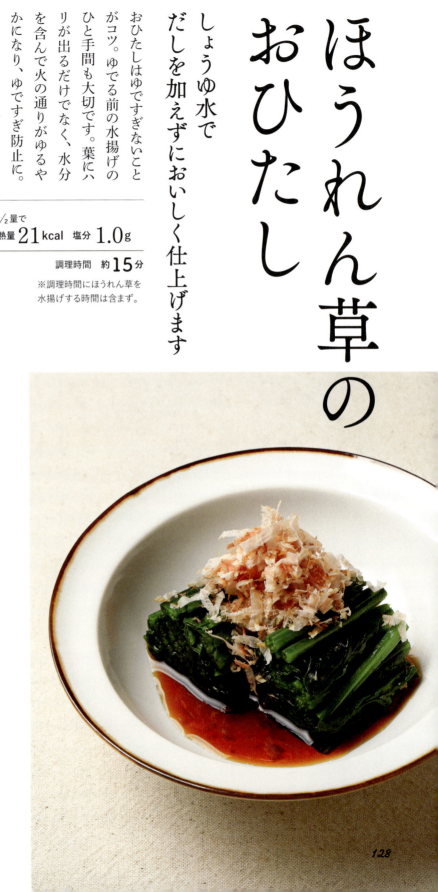

2 しょうゆ水を作る

しょうゆ水の材料を合わせる。ⓑ

3 ゆでる

ボウルに冷水（または氷水）を用意しておく。鍋に6～7カップの水を中火で煮立たせ、ほうれん草の根元を入れて10秒おいてから全体を沈める（**茎と葉は火の通りやすさが違うため**）。再び煮立ったら30秒ほどゆでる。すぐに冷水に取り、水が温かくなったら氷を足すか水を換えるようにしてしっかり冷やす。ⓒ

4 「しょうゆ洗い」をする

ほうれん草の根元をそろえて持ち、軽く水けを絞る。半分に分け、根元と葉先を互い違いにしてバットに並べる。しょうゆ水の半量を回しかけ、軽く絞る（**しょうゆ洗い**）。ⓓ

5 仕上げる

器に合わせて4㎝くらいの長さに切って器に盛る。残りのしょうゆ水をかけ、削り節をのせる。

ⓐ たっぷりの水を含ませて

ほうれん草はゆでる前に、根元に十字または一文字の切り込みを入れ、水揚げします。たっぷり水を吸わせることで、葉や茎にハリが出て食感がよくなるだけでなく、火の通りがおだやかにもなります。

ⓑ しょうゆ水が味のベースに

しょうゆを水で4倍にのばした「しょうゆ水」は、しょうゆのうまみがのび、だし汁のように使えます。2回に分けて使い、おひたしの味のベースになります。

ⓒ ゆですぎは厳禁

青菜類は火の通りが早く、すぐに食感や色が悪くなってしまいます。少し早めに湯から上げるイメージで、素早く冷水に取ります。

ⓓ むらのない下味つけを

しょうゆ水をまんべんなくかけ、軽く絞る「しょうゆ洗い」で下味をいきわたらせます。根元と葉を交互にするのは太さを一定にするため。こうすると上から下まで均一な絞り加減で水けを切ることができ、味がむらになりません。

覚えておいて　しょうゆを小さじ2に減らし、削り節を多めにすれば満足感をキープできます。

ほうれん草の白和え

白和えはなめらかさが持ち味。ほうれん草はやわらかくゆでます

白和えの極意は、なめらかな「和えごろも」を主役に据え、全体をなめらかな口当たりで上品に仕上げることにあります。そのために、ほうれん草は長めにゆでてやわらかくし、「しょうゆ洗い」で下味をつけることで和えごろもとの一体感が生まれます。また、和えてから時間をおくと、より全体がしっとりなじみます。

1/2量で
熱量 146kcal　塩分 1.4g
調理時間　約20分

※調理時間に豆腐の水切り、ほうれん草を水揚げする時間は含まず。

材料（2人分）

ほうれん草……150g

●**和えごろも**
- 木綿豆腐……1/2丁（150g）
- 練りごま（白）……大さじ1
- 白みそ……大さじ1
- 砂糖……小さじ1
- しょうゆ……小さじ1

●**しょうゆ水**
- 水……大さじ2
- しょうゆ……小さじ2

1 豆腐をこす

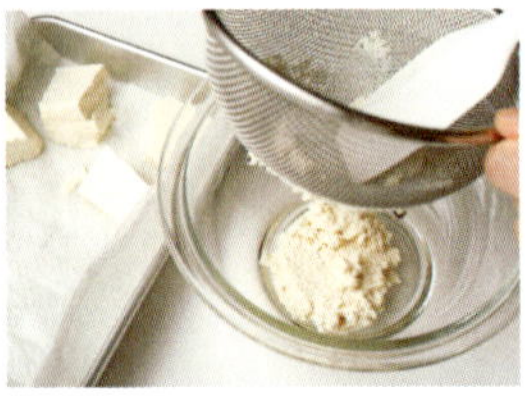

豆腐は6～8等分にちぎり、キッチンペーパーを2枚重ねて置いたバットの上で約20分水切りする。ⓐ 少量ずつ万能こし器に入れ、ゴムべらでこす。

2 ほうれん草の水揚げをする

ほうれん草は根元を広げるようにして洗い、土などの汚れを落とす。根元の先を切り落とし、切り込みを入れる。ボウルに冷水を入れて、根元を下にして20分浸す（こうすると葉がみずみずしさを取り戻す）。

3 ほうれん草をゆでる

ボウルに冷水（または氷水）を用意しておく。鍋に6〜7カップの湯を沸かす。ほうれん草を根元から立てて入れ、10秒おいてから全体を沈め、再び煮立ったら1分ゆでる。ⓑ 手早く氷水に取る（冷ますことで変色を防ぐ）。

4 「しょうゆ洗い」で下味をつける

ほうれん草の根元をそろえて持ち、軽く水けを絞る。根を落とし、4㎝長さに切ってボウルに入れる。水としょうゆを混ぜて「しょうゆ水」を作ったらほうれん草にかけ、しっかりと混ぜる。ⓒ 両手ではさむようにして絞る（しょうゆ洗い）。

5 和えごろもを作る

大きめのボウルに練りごまを入れ、よく練る。練りごまの香りが立ち、やわらかくなったら、白みそ、砂糖を加えて、よく混ぜる。しょうゆを少しずつ加え、そのつどよく混ぜる（ボウルに押し当てるようにしてすり混ぜるとよい）。**1**の豆腐を少しずつ加え、そのつどよく混ぜ、均一になるまで混ぜる。

6 和える

ほうれん草を加えて全体を和える。1時間ほどおき味をなじませる。

ⓐ 水切りで味わいに差が出ます
水切りをするのは調味料をなじみやすくし、濃厚な味わいの和えごろもにするためです。

ⓑ 白和えに合うやわらかなゆで具合に
硬い根元から先に湯に入れ、時間差でゆでることで、ほうれん草全体を均一の硬さにゆで上げます。しっかり煮立たせる理由は、ほうれん草の色合いを損ね、えぐみを残してしまう有機酸を除くためと、くったりとやわらかなゆで具合にするためです。

ⓒ しょうゆ水を含ませる理由
ほうれん草にほどよくしょうゆ水を含ませるようにして下味をつけておくと、和えごろもの味となじみやすく一体感が出ます。

覚えておいて 薄切りのしいたけ、糸こんにゃくなどを加えても。具材はしょうゆで下味をつけてから和えごろもに加えます。

いんげんのごま和え

3つの下ごしらえをすると、味のなじみが格段によくなります

3つの下ごしらえがポイントです。一つ目は塩もみ。さやの表面に軽く傷をつけることで味と熱の通り道を作りながら、和えごろもがのるきっかけを作ります。二つ目はおか上げ。表面にあえてしわを作り、調味料を入りやすくします。三つ目はしょうゆの下味。うまみをいんげん自体に含ませておきます。これで和えごろもに一体感のある仕上がりに。

1/2量で
熱量 110kcal　塩分 0.5g

調理時間　約15分

※調理時間にいんげんに味をなじませる時間は含まず。

材料（2人分）

さやいんげん……150g
●和えごろも
　すりごま……大さじ3
　砂糖……大さじ1
　しょうゆ……小さじ1
塩……大さじ1
しょうゆ（下味用）……小さじ1

a 塩もみはにぎるように
いんげんに塩をふってにぎるようにしてもむと、いんげんのさやにまんべんなく傷がついて塩が入りやすくなります。

b 水と火を入れすぎないように
短く切らずに長いままゆでる理由は、さやの中にあまり水け

1 いんげんを塩もみする

いんげんは茎側の端を切り落とす（太さが7～8㎜の細いものがおすすめ。さやの表面はなめらかで色の濃いもの）。筋があれば取る。さっと水洗いし、水けを切る（塩がなじみやすくなる）。ボウルに入れ、塩をふって少しギュギュッとにぎるようにして約1分もむ。ⓐ

2 ゆでる

鍋に深さ3㎝の熱湯を沸かし、塩がついたままいんげんを入れる（湯が塩水になる）。中火で煮立たせ、2～3分ゆでてざるに上げ、水けを切る。ⓑ

3 「おか上げ」する

ざるの上で、冷ます（おか上げ）。ⓒ

4 切って、下味をつける

2～3等分の長さに切ってボウルに入れて、下味用のしょうゆをさっとからめる。

5 和える

別のボウルに和えごろもの材料を入れて混ぜる。汁けを切りながらいんげんを加えて、和える。ラップをして冷蔵庫で約30分おき、味をなじませる。ⓓ

を入れたくないからです。少し硬さが残るくらいで上げ、余熱で火を通していきます。多少ゆですぎても水に取らなければ味が抜けてしまう心配はありません。

ⓒ 手早く冷まして色よく水分を除く

そのままおいて冷ますことで、さやの表面からの湯気で水分を抜きます。さやの表面が乾くことで、和えごろもがからみやすい状態に。

ⓓ しょうゆで味なじみよく

ごまの和えごろものように水分の少ない調味料はすぐには味がなじみません。30分ほどおいて、なじませます。

覚えておいて　ゆでたきのこを加えて、かさ増ししながら食物繊維を増やすのも手。

さつまいもの甘煮

適切な温度でゆっくり煮てさつまいもの甘みを引き出します

さつまいものでんぷんが甘みに変わる60～70℃の温度帯でゆっくり煮るのがおいしく仕上げる秘訣。長く煮るため大きめの輪切りでくずれにくくし、水が多めの煮汁にします。さつまいもの甘みを生かして、みりんの甘みだけしか加えないのも覚えておいて。はじめにゆでこぼして余分なアクとでんぷんを除くと、口当たりよくすっきりとした味わいに仕上がります。しょうゆを加えることでおかずにもなる風味に。

1/3量で
熱量 201 kcal　塩分 1.5 g

調理時間　約40分

※栄養計算値は煮汁を80%摂取した場合の値。調理時間に味を含ませる時間は含まず。

材料（2～3人分）

さつまいも（直径4㎝くらいのもの）
……1～2本（350g）

●**煮汁**
- 水……2カップ
- しょうゆ……大さじ2
- 本みりん……大さじ4

1 さつまいもを切る

さつまいもは皮つきのまま太い部分は1.5㎝厚さ、細い部分は2㎝厚さの輪切りにする。水をはったボウルに入れて5分さらす。ⓐ

2 ゆでこぼす

さつまいもを鍋に入れ、水3カップを加えて中火で煮立たせ、1分たったらシンクに置いたざるに上げて湯を捨てる（ゆでこぼす）。ⓑ

3 煮汁をひと煮立ちさせる

鍋に煮汁の材料を入れて、中火で煮立たせてみりんのアルコール分をとばす。

4 60～70℃で煮る

火を止めて、さつまいもをきれいに並べる。中火にし、煮立ったら弱火にする。水でぬらして軽く絞ったキッチンペーパーをかぶせて、ふたをしないで20～25分煮る。ⓒ さつまいもの表面が出るほどに煮汁が減ったときは、水を足す。

5 ふたをして味を含ませる

竹串を刺してスッと通るのを確認したら、火を止めてコンロから下ろす。煮汁が減り表面が出ていたら、上下を返す。ふたをして15分ほどおき、余熱でじっくり味を含ませる。

ⓐ **水にさらしてでんぷんを除く**
水にさらす理由は、切り口から出るでんぷんが煮汁をにごらせるのを防ぐためと切り口が空気にふれて変色するのを防ぐためです。

ⓑ **ゆでこぼしてすっきりと**
一度ゆでこぼすことによって、さらに表面のでんぷんが取れます。これですっきりとした味わいになり、鮮やかな色に仕上がります。

ⓒ **適温で煮汁をいきわたらせて**
ふたをしないで煮るのは、熱をこもらせず60～70℃の温度帯でゆっくりと煮るため。水でぬらしたキッチンペーパーは落としぶたの役目になり、まんべんなく煮汁がいきわたります。

覚えておいて 塩分を控えたいときは、しょうゆを半量にし、レモンなどの柑橘類の輪切りや果汁を入れて、味にアクセントをつけて。

大学芋

材料（4人分）

さつまいも
……1～2本（250～300g）
サラダ油……1カップ
●甘辛だれ
砂糖……大さじ2
本みりん……大さじ2
しょうゆ……小さじ1

水飴を使わず、油も少量で。おかずにもなる甘辛仕立てです

おやつにはもちろん、おかずにもなる大学芋です。時間をかけてゆっくり揚げることで、さつまいもの甘みを引き出し、中はほっくり、外はカリッと仕上げます。たれには水飴を使わず、しょうゆに砂糖とみりんを合わせてごはんにも合う味に。香ばしく甘すぎないたれになります。棒状に切ると、少ない油でも揚げられます。

1/4量で
熱量 141kcal　塩分 0.3g
調理時間　約30分

1 さつまいもを切る

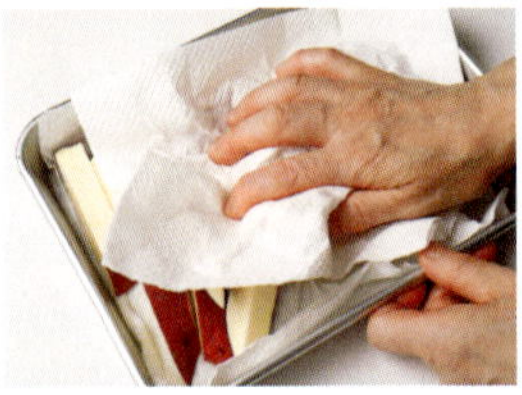

さつまいもはよく洗い、皮つきのまま5～6cm長さ、1.5cm幅の斜め切りにしてから、1.5cm角の棒状に切る（大きさをそろえると火の通りが均一になる）。ボウルに水をはってさつまいもを入れ、5分さらして水けを切り、キッチンペーパーでしっかりと拭く（水けが残ると油はねの原因になる）。a

2 油を回しかける

フライパンにさつまいもを重ならないように広げて、油を回しかける（こうすると少ない油で揚げられる）。

3 中火で揚げる

中火にかけ、そのまま動かさずに4〜5分揚げる。ⓑ 泡が立ってきたら1本ずつ上下を返しながら、さらに4〜5分揚げる（トングを使うと返しやすい）。さつまいもが少しふくらみ、色づいてきたら竹串を刺してみてスッと入ることを確認する。

4 強火にする

強火にして、さらに1〜2分上下を返しながら揚げる。ⓒ 濃い焦げ色がついたら軽く油を切りながら大きめのボウルに取り出す（さつまいもの糖度によって焦げやすさが変わるので揚げ時間は色を目安に）。

5 甘辛だれを作る

フライパンの油を小さじ2ほど取り分けて、残りの油をあける。ぬらしたふきんをたたんで置いて、フライパンをのせて冷ます（こうするとフライパンの温度が下がり調味料が焦げつきにくくなる）。取り分けた油を戻し入れて甘辛だれの材料を加えて混ぜる。ⓓ 強火にかけ、煮立ったら絶えずゴムべらで混ぜながら1分〜1分30秒煮詰める（煮詰めるほど甘みの強いたれになるので、甘みをやわらげたいときは1分ほどで火を止めるとよい）。

6 甘辛だれをからめる

さつまいもに甘辛だれをかけて手早くからめる（冷めてくると粘りが増していもがくっつき、からめにくくなるので、トングを使うとよい）。

ⓐ 表面のでんぷんを除くために水にさらします
切った後に水にさらすのは、表面のでんぷんを除くことで、揚げるときにでんぷんによって油が粘り、温度が上がりにくくなるのを防ぐためです。

ⓑ 冷たい油からスタート
冷たい油から揚げ始めることで、さつまいもの甘みを引き出す60〜70℃の温度帯をゆっくり通過させることができます。

ⓒ 油の温度を上げて香ばしくカリッと
強火にして油の温度を上げるのは、表面をカリッと香ばしく仕上げ、油切れもよくするためです。

ⓓ 香ばしい香りとうまみが移っている油を活用します
揚げ油を取り分けて使う理由は、さつまいもの香ばしさが油に移っているから。強火のまま煮詰めても油が入っているので焦げつかない利点も。

覚えておいて　大学芋にヨーグルトをかければ朝食にもおすすめの一品に。

豚汁

豚肉とごぼう、それぞれのうまみを引き出します

豚汁はごぼうと豚肉のうまみでできているといっても過言ではなく、このうまみさえあればだし汁がなくてもおいしく仕上がります。そのためには調理の順番が大切。ごぼうは最初にしっかり炒めて香りや味わいを、肉は後から入れて野菜を介してじんわり熱を加え、やわらかさと脂のうまみを引き出します。下味に使うしょうゆは味のベースとなる名脇役です。

$^1/_4$量で
熱量 290kcal　塩分 2.4g

調理時間　約40分

材料（4人分）

豚バラ肉（薄切り）……200g
大根……$^1/_5$本（200g）
ごぼう……80g
にんじん……50g
生しいたけ……4枚
ねぎ……$^1/_4$本（25g）
みそ……大さじ2〜3
酒……大さじ2
本みりん……大さじ2
しょうゆ……大さじ2
ごま油……大さじ1

1 ごぼうを切る

ごぼうはたわしで泥を落とし（風味をなくさないために、削らないように加減しながら洗えるたわしが便利）、皮や黒い部分はスプーンでこそげ落とす。4〜5㎜幅の斜め切りにして（火が通りにくいのでほかの具材よりやや薄めに）、5分ほど水にさらす。

a 具材は大きめに
それぞれが存在感のある具になるよう、全体的にやや大きめに、火の通りも均一にするため厚みも考慮して切ります。しいたけは厚めに、豚肉は加熱して縮むことを考慮してやや大きめに切ります。

b 全具材をしっかり炒めて
先にごぼうだけ炒める理由は、ほかの具材に比べて火が通りにくいから。そして、

2 ほかの食材を切る

大根、にんじんは皮をむき、8mm厚さのいちょう切りにする。生しいたけは軸を切り落とし5mm幅ほどの薄切り、ねぎは5mm幅ほどの小口切りにする。豚肉は5〜6cm幅に切る。ⓐ

3 ごぼうを炒める

ごぼうは水けを拭き取る。直径20cmくらいの鍋にごま油を入れて中火で熱し、ごぼうを2分炒める。大根、にんじん、しいたけを順に加え、そのつどからめ2分炒める。ⓑ

4 豚肉を加える

肉は重ならないようほぐしながら野菜の上にのせる（こうすると肉が鍋底に直接当たらずに野菜から間接的に熱をもらってゆっくりと火が入る）。肉の色がピンクからゆっくり白色に変わっていくようにして炒める（ゆっくりと火を入れることで、脂のうまみを閉じ込め、やわらかい食感を保てる）。

5 煮立たせる

酒、みりん、水5カップを加え、煮立たせてアルコール分をとばす。アクを取る。

6 しょうゆを加えて煮る

しょうゆを加える。ⓒ 弱火にして12〜15分煮る。

7 みそを加えて煮る

小さなボウルにみそを入れ、鍋の汁を少し加えて溶き、鍋に加える（こうするとみそが溶け残らない）。ねぎを加え、弱火のまま2分ほど煮る。

ごぼうの香りやうまみをしっかり引き出したいからです。残りの具材は、全体にしっかり熱をいきわたらせるイメージで炒めます。うまみを引き出しながら、水分を抜くことで、味が入りやすくなります。

ⓒ しょうゆの下味で味の輪郭を

みそを加える前にしょうゆが素材にしみ込むことで、味のベースがしっかりと決まります。みそを加えたら、長く火を通さず、香りを生かして仕上げます。

覚えておいて しょうゆを2/3量に減らし、水溶き片栗粉でとろみをつけると減塩に。

けんちん汁

野菜と大豆の滋味深いうまみを味わう精進椀

けんちん汁のしみじみとした味わいは、昆布だしと野菜、大豆由来の食材のやさしいうまみが重なり合う精進料理から。ごぼう、大根などの根菜と豆腐は欠かせない具材。根菜類をしっかりと香ばしく炒めて水分をとばし、うまみを凝縮した昆布だしと、くずれた豆腐がからんで滋味深い汁に。最後に加えるしょうゆが味を引き締めます。

材料（4人分）

木綿豆腐……$\frac{1}{2}$丁（150g）
里芋……2個（100g）
大根……100g
ごぼう……50g
にんじん……30g
ねぎ……$\frac{1}{2}$本（50g）
油揚げ……$\frac{1}{2}$枚（15g）
昆布（5×5cm）……2枚
ごま油……大さじ1
塩……小さじ$\frac{1}{2}$
しょうゆ……大さじ1～2

$\frac{1}{4}$量で
熱量 109kcal　塩分 1.7g

調理時間　約30分

※調理時間に昆布だしをとる時間、里芋の下処理の時間は含まず。

1 下準備をする

里芋は2～3時間前によく洗ってざるに上げて乾かしておく（こうするとぬめりが減って切りやすくなり、泥くささも抜ける。前日に作業しておいてもよい）。ボウルに水3カップと昆布を合わせて30分おき、だしをとる。

ⓐ 豆腐の水切りが大事
豆腐はちぎった面がキッチンペーパーにふれるように置くと、自重でほどよく水切りできます。水分を抜くことで、濃い味わいに。

ⓑ うまみを重ねていきます
1種類ずつ加えるごとにしっかり炒める理由は、それぞれの具材から香ばしさとうまみを出すため。ごま油をからめながら炒めることで火が通りやすくなります。

ⓒ 野菜の水分が抜けたところで下味を
炒め終わってから下味の塩をふるのは、水分がとんだ状態のほうがほどよく味が入りやすいからです。これで全体の味わいがまとまりやすくなります。

けんちん汁

2 根菜を切る

大根は厚めに皮をむき、8㎜厚さのいちょう切りにする。にんじんは皮をむいて5㎜厚さのいちょう切りにする。里芋は上下を少し切り落としてから皮をむき、8㎜厚さの輪切りにする。ごぼうはたわしで泥を落とし、皮や黒い部分はスプーンでこそげ落とす。5㎜幅の斜め切りにして、さっと水にくぐらせて水けを拭く。

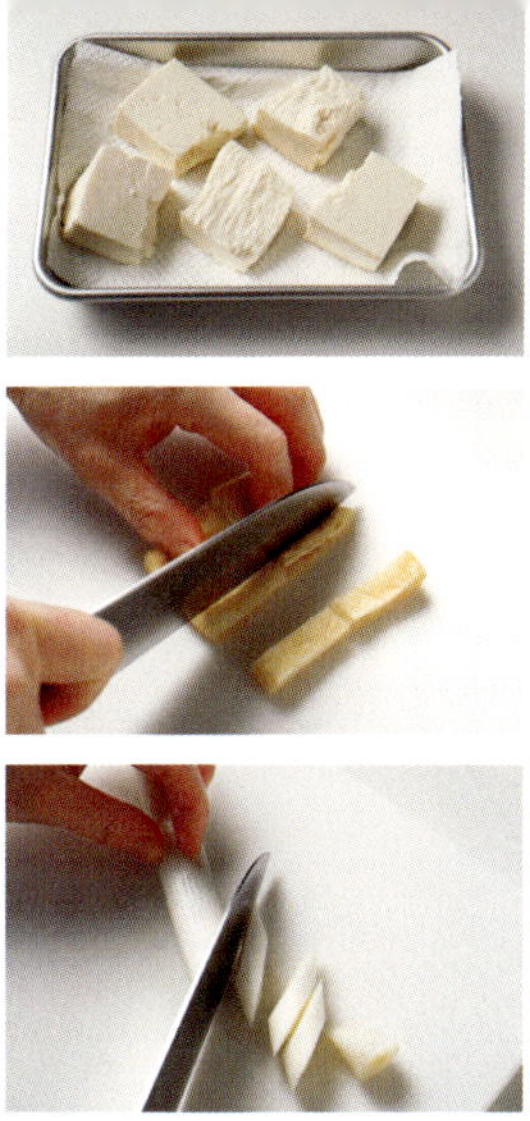

3 豆腐、油揚げ、ねぎを切る

豆腐は4～5つにちぎり、ちぎった面を下にしてバットに敷いたキッチンペーパーの上に広げる。ⓐ 油揚げは縦半分に切り、1㎝幅の短冊に切る（湯通しせず油もうまみとして生かす）。ねぎは1㎝幅の斜め切りにする（断面を広くすると甘みが出やすくなる）。

4 根菜を炒める

鍋にごま油を入れて中火で2分ほど熱する。ごぼう、にんじん、大根、里芋の順に加えるたびにごま油をからめるようにして炒め、全体で3分炒める。ⓑ

5 豆腐を炒める

豆腐を加えて水分をとばすようにして1分炒める（こうすると味わいを引き出せる）。塩を加えて軽く混ぜる。ⓒ

6 煮る

昆布だしを加える。煮立ったら油揚げ、ねぎを加えて弱火にして10分煮る。しょうゆを加え、2～3分煮る。

覚えておいて　昆布は水出しした後も、2～3回は繰り返しだしがとれるので、冷凍してストックしておいて。

かきたま汁

だしのうまみと卵の口当たり。シンプルだからこそていねいに

かきたま汁の極意は、卵のふわりとした口当たりと澄んだだしのうまみを両立させること。卵はなめらかに溶き、片栗粉でとろみをつけただしに細くゆっくり注ぎ入れることで、にごりを防ぎます。卵をすぐにかき混ぜず、浮かせるようにして火を通したら、早めに火を止めるのもポイントです。

$\frac{1}{3}$量で
熱量 38kcal　塩分 1.4g

調理時間　約10分

材料（2～3人分）

- 卵……1個
- 生しいたけ……2枚
- 貝割れ大根……10g
- だし汁……$2\frac{1}{2}$カップ
  （※だしのとり方はP11参照）

●だし汁の調味料

- 塩……小さじ$\frac{1}{2}$
- 本みりん……小さじ1
- しょうゆ……小さじ$\frac{1}{2}$

●水溶き片栗粉

- 水……小さじ2
- 片栗粉……小さじ1

1　材料を切る

貝割れ大根は根元を落とす。生しいたけは軸を切り離し、かさは5㎜幅、軸は3㎜幅の薄切りにする。

2 卵を溶く

ボウルに卵を割り入れる。箸で黄身をつぶし、箸先をボウルの底につけたまま同じ方向に行き来させて30回ほど混ぜ、なめらかにする。ⓐ

3 だし汁を煮立たせる

鍋にだし汁を弱火で温めてだし汁の調味料を加える。中火にして煮立ったらしいたけを加え、ひと煮立ちさせる（調味料を煮立たせることでみりんのアルコール分をとばす）。

4 とろみをつける

水溶き片栗粉の材料を混ぜ合わせる。鍋に回し入れてよく混ぜたら1分ほど煮て、弱いとろみをつける。ⓑ

5 卵を加える

卵を軽く溶き直し、半量を箸にそわせて細く回し入れる（とろみのあるだし汁の上にのせるイメージ）。10秒ほどおいたら、残りの半量を同様に回し入れる。10秒ほどさらにおいて、箸でゆっくり大きく混ぜたら火を止める。ⓒ
器に入れ、貝割れ大根をのせる。

ⓐ なめらかに一体化させます
卵は油分の多い黄身と水分の多い白身からできています。本来は混ざりにくい油と水をなめらかに合わせるには、泡立てないのがコツ。箸先をボウルの底につけたまま同じ方向に行き来させて混ぜると泡立たず、なめらかな一体感が出ます。

ⓑ 卵のためにとろみをつけます
片栗粉を加えることで、だし汁にとろみがつくので、この後入れる卵がゆるやかに広がってじんわりと火を通すことができます。

ⓒ 卵を入れたらひと呼吸待ちます
半量を入れた後にゆっくりひと呼吸（約10秒）待つのは、卵が固まる前に混ぜてしまうと、汁がにごってしまうため。やわらかくきれいな卵の流れを作るためには、少し待つこと、大きく混ぜることがコツです。

覚えておいて　だし汁の２～３割を無調整豆乳に置き換えるのもおすすめです。片栗粉のとろみをつけてから加えます。

4章

いつもの、とっておきの
ご飯と麺

日々のごはんに、ご飯ものや麺ものは欠かせません。また、特別なときには、おもてなしの華やかなちらしずし、お弁当のいなりずしも人気です。簡単なものから、腕まくりのものまで、メジャーなメニューを紹介します。

親子丼

親子丼の魅力は煮汁をまとった肉と卵、そしてなにより全体のとろとろ感です。ただ、肉がやわらかくなるよう火を入れつつ、卵を半熟で仕上げるのは案外難しいもの。そこで小麦粉が活躍します。肉に小麦粉をまぶしておくとゆっくり火が入り、硬くなりません。煮汁にも小麦粉が溶けてとろみがついたところに卵を２回に分けて加えるのも、よい具合に仕上げるテクニックです。

肉に小麦粉をまぶす。
これがやわらかく
とろとろに仕上げる
秘訣です

材料（2人分）

鶏もも肉またはむね肉
……$^1/_2$枚（100～120g）
卵……3個
玉ねぎ……$^1/_2$個（100g）
温かいご飯……丼2杯分（400g）
小麦粉……大さじ1
粉山椒、七味唐辛子……適宜
●煮汁
水……$^3/_4$カップ
本みりん……大さじ3
しょうゆ……大さじ2
あれば三つ葉……適宜

1 鶏肉、玉ねぎを切る

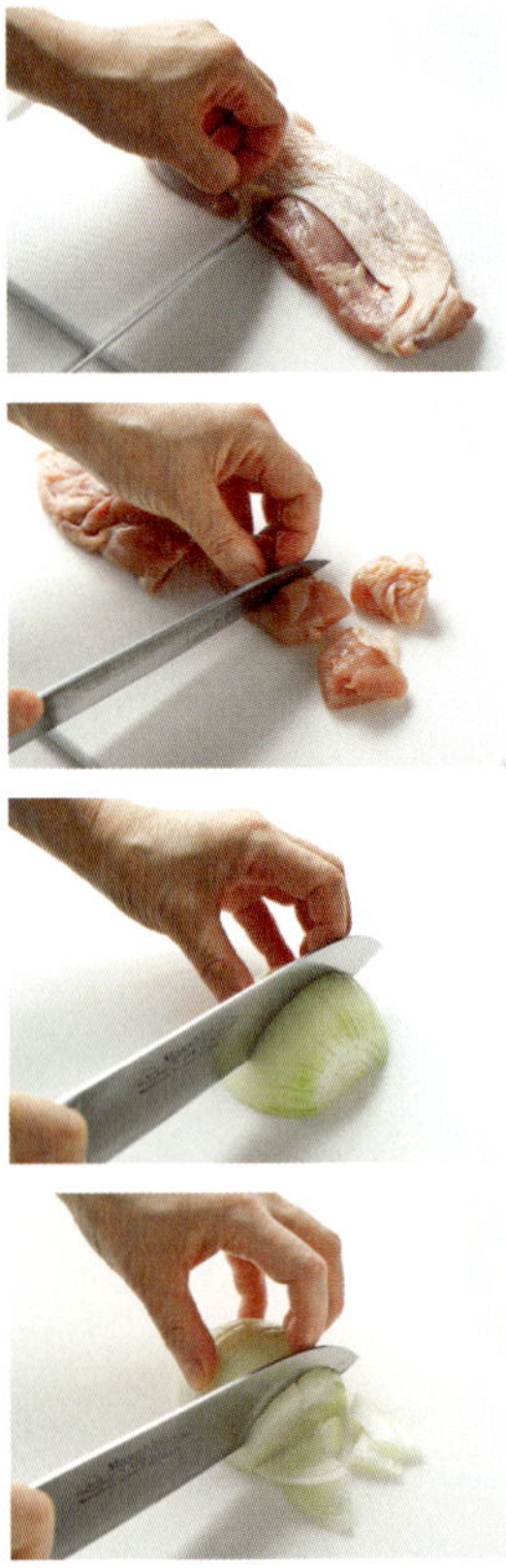

鶏肉は黄色い脂肪を取り除き2cm角に切る（一口大のやや小さめに切ると、食べやすいだけでなく、卵もからめやすい）。玉ねぎは繊維を断つように半分に切り、元の形にしたまま90度回して置き、具材感が残るよう5mm厚さに切る。

2 卵をほぐす

ボウルに卵を割り、菜箸で卵黄を先にくずし、箸先をボウルの底に当てたまま15回ほど菜箸を左右に行き来させながら軽くほぐす（こうすると空気が入らず火の通りが均一になり、半熟で仕上げやすい）。ⓐ

3 煮汁を煮立たせる

直径20cmほどのフライパンに煮汁の材料を入れる（大きいフライパンだと煮汁がすぐに温まって、卵にあっという間に火が通ってしまう）。中火で2分しっかり煮立たせて、みりんのアルコール分をとばす。

ⓐ 卵は卵黄からほぐす
先に黄身をつぶしてからほぐすと混ざりやすくなります。白身と黄身が完全に混ざってしまうと、とろっとした食感にならないので、白身のかたまりが少し残るくらいのほぐし加減に。

ⓑ 玉ねぎは先に煮て
玉ねぎはある程度火を通すとうまみが出るので、先に煮ます。少し煮ることで、とろみも甘みも出てきます。

ⓒ 小麦粉をまぶす
小麦粉をまとうことで火の通りがゆっくりになり、やわらかさをキープできます。

4 玉ねぎを煮る

玉ねぎを入れて2分煮る。b

5 肉に小麦粉をまぶす

バットに小麦粉を入れて、肉の1切れずつに小麦粉を薄くまぶしつけ、余分な粉をはたく(煮る直前にまぶすととろみとつやのある仕上がりにしやすい)。c

6 肉を煮る

肉を入れたら中火のまま1～2分動かさずに煮る。煮汁にとろみが少しついてきて、肉の色が変わったら、上下を返してさらに1分煮る。

7 卵を2回に分けて入れる

卵の半量を全体に回し入れて20～30秒たったら、残りを回し入れる。卵が好みの半熟状になるまでフライパンをゆすりながら煮る(卵を時間差で加えることで、とろとろの仕上がりになる)。

8 丼に盛る

フライパンをゆすって卵と煮汁がいっしょに動くようになっていたら、すぐに火を止めてコンロから下ろす(コンロの上だと余熱が入るので注意)。丼にご飯を盛り、手早く上にのせる。あれば三つ葉をのせて好みで粉山椒や七味唐辛子をふる。

1/2量で
熱量 624kcal 塩分 2.9g

調理時間 約15分

覚えておいて 鶏肉をささ身にする、厚揚げで作るなどのアレンジもおいしい。

五目炊き込みご飯

米は「炊く」、具材は「蒸す」。混ぜずに2層で炊き上げます

炊き込みご飯は「米は炊く」、「具材は蒸す」という調理を同時に行うイメージです。なので混ぜ合わせずに2層のまま炊飯して、炊き上がったら混ぜ合わせます。「米1合にしょうゆ大さじ1」という比率を覚えておけば安定の味わい。2合炊くときはしょうゆの半量を塩に替えると色が濃くならずに仕上がることも覚えておいて。

¼量で
熱量 368kcal　塩分 2.5g

調理時間　約15分

※調理時間に米を水切りする時間、炊飯時間は含まず。

材料（4人分）

米……2合
鶏もも肉……1枚（150g）
生しいたけ……3～4枚
にんじん……50g
ごぼう……50g
油揚げ……½枚（15g）
●炊飯用
　水……300ml
　しょうゆ……大さじ1
　塩……小さじ⅓
しょうゆ……大さじ2

ⓐ 米は炊く前にざるに上げます

米に調味料を十分に吸わせたいときには、といだ後にざるに上げておきます。

ⓑ 肉の下ごしらえは大事

1 米をとぐ

米は炊く30分以上前にとぎ、ざるに上げる。ⓐ

2 野菜、油揚げを切る

生しいたけは軸を切り落とし薄切り、にんじんは皮をむき5㎜厚さのいちょう切り、油揚げは1㎝の角切りにする(油揚げは湯通ししないで油を生かす)。ごぼうはスプーンで汚れなどをこそげたら、ささがきにして、水に5分さらす。

3 鶏肉を切る

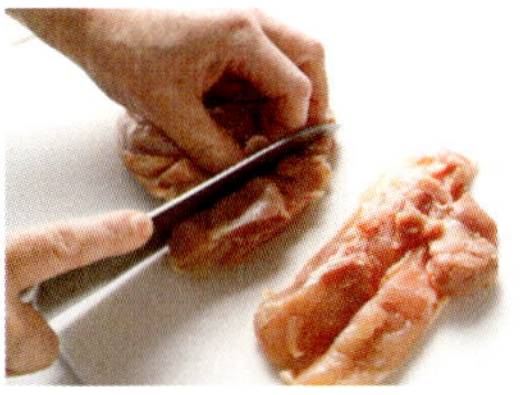

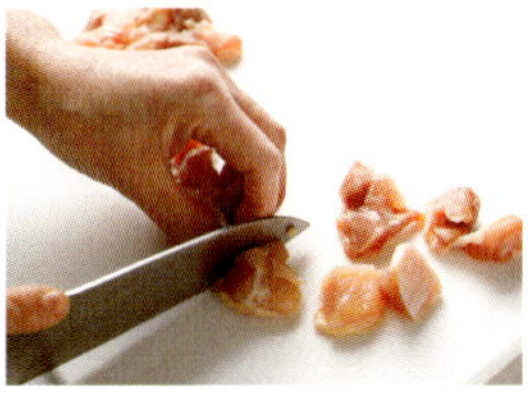

鶏肉は黄色い余分な脂肪を除いて、2〜3㎝角に切る。ⓑ

4 具材に下味をつける

ボウルに肉と野菜、油揚げを入れたらしょうゆを加えて、よくからめる。ⓒ

5 炊飯器に重ねて入れる

炊飯器に米を入れ、炊飯用の材料を加える。表面を平らにならしたら具材をのせる。ⓓ

6 炊く

炊飯器で炊く。炊き上がったら、すぐに上下を返し混ぜる。

余分な脂肪を取るのはくさみを取るため。ほかの具材と同じ大きさになるよう、小さめに切ると米とからんでバランスよく仕上がります。

ⓒ 下味つけの比率も覚えて

下味は、具材のトータル重量150gに対して、しょうゆ大さじ1が目安です。このレシピでは具材が300g強なので、大さじ2強。甘さや風味をよりつけたいときは、みりん(分量外)を少々加えても。

ⓓ 具材は混ぜない

炊飯器の中で、「下層の米、上層の具材」という2層にします。水は少なくても、蒸された野菜から水分が出るので問題ありません。その野菜から出る水分のうまみを米が吸うことでもおいしくなります。

 覚えておいて 鶏もも肉を鶏むね肉や鮭に替えるとカロリーオフできます。

二色そぼろ丼

ジューシーな「肉そぼろ」とふわふわの「いり卵」を作るためには、ひき肉と卵に火を通しすぎないことが重要です。ひき肉は半分を先に湯通しして脂を落とし、調味料を混ぜた後、こまめに鍋を火から外して余熱を利用して炒めます。卵も余熱で火を通すイメージで調理し、火加減に気をつけてふわふわに仕上げましょう。

ご飯にのせる
2つの料理は
火を通しすぎないのが
共通のコツ

材料（4人分）

鶏ひき肉……200g
卵……4個
温かいご飯
……丼4杯分（800g）

●**ひき肉の調味料**
砂糖……大さじ2
みそ……大さじ2
しょうゆ……大さじ1
しょうが汁……小さじ2

●**卵の調味料**
砂糖……大さじ$1\frac{1}{2}$〜2
酒（または水）……大さじ2
塩……小さじ$\frac{1}{4}$

1 ひき肉を湯通しして脂抜きする

ボウルにざるを重ねて置き、ひき肉の半量を入れて熱湯3カップをかける。ⓐ 汁けを切って粗熱を取る。

2 肉に下味をつける

ボウルに**1**と残りの肉を合わせ、ひき肉の調味料を加えてよく混ぜる。ⓑ

3 肉をいる

2を小鍋に入れ、中火にかける。ほぐしやすいよう箸4本で混ぜながら40秒ほど加熱して、肉の色が少し変わったら火を止めてコンロから外してぬれぶきんの上に置いて40秒ほど混ぜ、余熱で火を通す。

4 さらにいる

再び中火にかけ、40秒ほど加熱したら、**3**と同様にコンロから外して40秒ほど混ぜる。これを3〜4回ほど繰り返し、鍋肌や鍋底から肉がはがれてほろほろとしてきたら、バットに広げ入れる。ⓒ

ⓐ **肉の半量を湯通しする理由**
熱湯をかけてほどよく脂を抜くことでしょうゆの香りが引き立ち、冷めても脂浮きしてきません。調味料の味が入りやすくなるメリットも。

ⓑ **調味料の効果は味つけ以外にも**
みそと砂糖を加えると火の通りがゆるやかになり水分を保つので、仕上

5 卵を混ぜ調味料を加える

ボウルに卵を割り入れ、菜箸で卵黄をくずし、箸先をボウルの底につけながら左右に動かし泡立てないようにしてしっかり混ぜる（黄身と白身をしっかり混ぜるとまだらにならない）。卵の調味料を加え、砂糖が溶けるまで混ぜる。d

6 卵をいる

ぬれぶきんを用意しておく。**5**を小鍋に入れ、中火にかける。箸4本で混ぜながら2分ほど加熱して色が少し白っぽく変わったら火を止めてコンロから外して、ぬれぶきんの上で1分ほど混ぜる。

7 さらにいる

再び中火にかけ、30秒ほど加熱したら、**6**と同様にコンロから外して30秒ほど混ぜる。これを2～3回ほど繰り返す。鍋肌から卵が少しはがれてきたら、バットにあける。e

8 盛りつける

丼にご飯を盛り、肉そぼろといり卵をのせる。

1/4量で
熱量 528kcal　塩分 2.4g
調理時間　約20分

がりがふっくらします。

c 熱を加えすぎない加熱を
コンロでの火入れとぬれぶきん上での余熱での火入れを繰り返すのは、熱が入りすぎるのを防ぐため。

d 酒と砂糖の効果でゆっくり火が通ります
酒と砂糖によって水分と粘性が加わり、卵液にゆっくり火が通ります。これでふわりとした仕上がりになります。

e 早めに火から外すのが肝心
卵は火が通りはじめると一気に固まるので鍋の卵の様子を見て、早めにコンロから外します。余熱で火が通ることを見越して、とろりとして多少ゆるめなくらいで、バットに広げて粗熱を取って。

覚えておいて　肉そぼろといり卵は、冷蔵で約5日、冷凍で約1カ月保存できるので、何回かに分けて使うこともできます。

海鮮ちらしずし

ちらしずしのおいしさは、しっとりしたすし飯にかかっています。すし飯は「硬めに炊いて、手早く混ぜて、手早く冷まし、粘らせない」を覚えてください。少し甘めのすし酢を使うと、具材とのなじみがよくなり、しっとりとした食感が楽しめます。また、魚は赤身と白身でそれぞれに適した下味をつけるひと手間で、全体の味わいがぐんと引き立ちます。

しっとりなのに
ベタつかない。
おいしいすし飯が
おいしさの要

材料（4人分）

米……2合

●すし酢

- 米酢（または穀物酢）……大さじ6
- 砂糖……大さじ3
- 塩……小さじ1

●具材

- まぐろ赤身（刺し身用サク）……100g
- 好みの白身魚（鯛など・刺し身用サク）……100g
- きゅうり……$\frac{1}{2}$本
- 卵焼き……80g
- いくら……50g
- 焼きのり……全形2枚

●まぐろの調味料

- しょうゆ……小さじ2
- 本みりん……小さじ1

●白身魚の調味料

- 酢……大さじ1
- 塩……小さじ$\frac{1}{2}$

1 米を炊く

米はといでざるに上げ、30分〜1時間おく。水$1\frac{3}{4}$カップを加え、炊飯器で炊く。ⓐ

2 魚に下味をつける

まぐろ、白身魚はそれぞれ1.5cmくらいの角切りにして別々の器に入れ、それぞれの調味料をからめる。ラップをして30分冷蔵庫で冷やす。

ⓐ やや水加減少なめに

水を少なめで炊飯するのは、後ですし酢を吸わせてしっとりしたすし飯にするためです。

ⓑ すし酢の火入れの効果

温めながら混ぜることで調味料が均一にまろやかになります。少し火が入ることで、酢の酸味もやわらぎます。

ⓒ 1分おく理由

すし酢をかけた後に1分おくとご飯が粘らず、すし酢を吸いやすくなります。すし酢は、混ぜたときにすし飯から水分がとんでちょうどよい状態になるよう多めにかけます。

ⓓ 種の部分を切り取るひと手間を

きゅうりの種の部分を除くのは、種の水分でちらしずしが水っぽくなるのを防ぐためです。

3 すし酢を作る

小鍋にすし酢の材料を入れて弱火にかけ、煮立たせないようにしながら砂糖と塩を溶かすようにして温める。b

4 すし飯を作る

大きめのボウルにご飯を入れ、すし酢を全体に回しかけてそのまま1分おく。c うちわであおぎながら、木のしゃもじで切るようにほぐして水分をとばしながら粗熱を取る（こうするとご飯に粘りが出ない）。

5 きゅうりを切る

きゅうりは端を切り落とし、塩適量（分量外）をふって板ずりして、洗う（こうすると青くささがやわらぎ、下味もつく）。縦4つに切り、種の部分をそぐように取り、1.5cmくらいの角切りにする。d 卵焼きも同じ大きさの角切りにする。

6 盛りつける

皿にすし飯を広げ、のりをちぎってのせ、具材をバランスよく盛る（先にのりをのせると、魚の水けがすし飯にしみない）。好みでしょうゆ（分量外）をふって食べる。

1/4量で
熱量 433kcal　塩分 3.2g

調理時間　約20分

※調理時間に米をといで炊飯する時間、刺し身を冷やす時間は含まず。小さな子やアルコールに弱い方が食べる場合は、本みりんなしで作って。

覚えておいて　すし酢を半量にして、ご飯に混ぜずに、食べるときにかけることでカロリー減に。

カレーうどん

小麦粉で軽やかなとろみを、焼きねぎで香ばしさを

だしの風味のとろっとしたつゆはカレーうどんのなによりの特徴です。それには小麦粉で、うどんに合うキレのいい軽やかなとろみをめざします。また、具の豚肉とねぎはしっかり焼くことで、ねぎの香ばしさや肉の脂のうまみをつゆに加えます。コク深く熟成感のあるかえしをさっと手作りして、「わが家の逸品」にしてください。

1/2量で
熱量 547kcal　塩分 3.4g
調理時間　約20分

※栄養計算値はつゆを60%摂取した場合の値。

材料（2人分）

うどん（冷凍）……2玉
豚薄切り肉……150g
ねぎ……1本
サラダ油……大さじ1
かえし……約250ml
（※作り方はP11参照）
●カレールウ
小麦粉……大さじ3
カレー粉……大さじ1

1 具材を切る

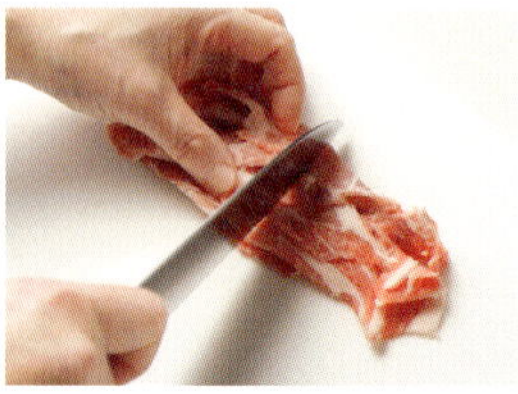

ねぎは1cm幅の斜め切りにする。豚肉は半分の長さに切る。a

2 カレールウを作る

かえしに水2カップを加えてめんつゆを作る。カレールウの材料を軽く合わせ、つゆ（熱くないもの）を大さじ4取り分けて加え、なめらかになるまでよく練る。b

3 豚肉、ねぎを焼く

フライパンに油を熱し、肉とねぎを重ならないようにざっと広げる。弱めの中火で2分さわらずに焼き、肉の脂をねぎにからめるようにして肉の色が半分変わるくらいまで1分炒める。c

4 カレーつゆを作る

めんつゆを加えて中火で煮立たせる。火を止めてカレールウを少しずつ混ぜながら加える。d 再び中火にし、へらで全体を混ぜながらゆるいとろみがつくまで、さらに2分ほど煮る（小麦粉に十分熱が入り、粉っぽさがなくなるまでが目安）。

5 うどんをゆでる

うどんは袋の表示通り、たっぷりの熱湯でほぐすようにゆらしながらゆでる。ざるに上げ、湯をしっかり切る（こうするとカレーつゆが薄まらない）。器に盛り、具とともにつゆをかける。

a 切り方や大きさにも理由が

ねぎは斜めに切ると汁とからみやすく、豚肉は大きめに切ると焼いた香ばしさを生かすことができます。

b 先にカレールウを作ります

小麦粉とカレー粉をあらかじめ合わせておくと、粉っぽくならず、香りも立ちます。直前にめんつゆを作ったときは、必ず粗熱が取れてから加えて。熱いつゆを加えると小麦粉に熱が入って、この時点で粘りが出てしまいます。

c 最初に焼く理由

はじめにさわらずに「焼く」ことで、甘みと香ばしさをつけるとともに、豚肉からは脂のうまみを引き出し、つゆにコクをつけます。

d カレールウは火を止めて加えて

カレールウに熱が入るととろみが出てきます。あつあつのつゆにルウを入れてしまうと、加えた先からとろみが出てむらができてしまうため、一度火を止めてから加えます。こうすることで、つゆに均一に混ぜることができます。

覚えておいて　カレーつゆは飲み干さず、翌日におじやなどにリメイクしてカロリーシェアも。

鶏南蛮そば

焼いたねぎと鶏肉の香ばしさにゆずの香りをそえて

鶏南蛮そばのうまさを引き立てるのは、肉とねぎを焼いた香ばしい味わい、そしてつゆのもとである「かえし」です。かえしは、しょうゆとみりんを煮立たせ、あつあつの中に削り節を直接加えることで、手軽に熟成感が出ます。作り置きしておけば、手軽に本格的なそばつゆが楽しめます。具材と「かえし」を合わせて火を通せば、つけそばスタイルにも。

½量で
熱量 536kcal　塩分 3.5g

調理時間　約30分

※栄養計算値はつゆを60%摂取した場合の値。

材料（2人分）

そば（乾麺）……150～200g
鶏もも肉……1枚（200g）
ねぎ……1本
ゆずの皮……適量
かえし ……約250ml
（※作り方はP11参照）
塩……ふたつまみ
ごま油……小さじ2

1 具材を切る

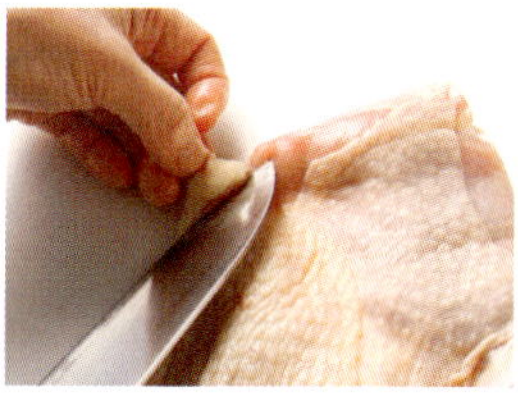

鶏肉は皮の下などにある余分な黄色い脂肪を取り除き、皮目を下にして置いて3cm角に切る。ねぎは4cm長さに切る。ゆずの皮はそいでおく。

2 鶏肉に下味をつける

肉をバットに入れて、塩をふって手でなじませ5分おく。ⓐ

3 肉のうまみを引き出す

フライパンにごま油を中火で熱し、肉を皮目を下にして入れて、ねぎを並べ、両面を約3分ずつ焼く（焼き目をつけるために、上下を返すとき以外はさわらない）。

ⓐ 肉のうまみを引き出します

肉は塩で下味をつけておくと肉からうまみが出てだしと合わさり、全体の味わいを底上げします。

ⓑ ゆずは煮る前に

ゆずは仕上げに添えるよりもつゆに入れて少し加熱したほうが、つゆに香りが移り、よりおいしい仕上がりに。

4 めんつゆと具材を合わせる

鍋にかえしを入れて、水2～$2\frac{1}{2}$カップを加え、めんつゆを作る。肉とねぎ、ゆずの皮を加える。ⓑ 中火にかけ、煮立ったら火を止める（ひと煮立ちすることで、それぞれの味わいが一体化する）。

5 そばをゆでる

そばはたっぷりの熱湯で袋に記載の時間通りにゆで、ざるに上げて水けをしっかり切り、器に入れる（しっかり切ることでつゆが薄まらない）。温めためんつゆをかけて具材をのせ、ゆずを添える。

覚えておいて　さっぱりした味が好みなら、鶏もも肉をむね肉にしてもおいしい。手に入れば鴨を使っても。

焼きおにぎり

ご飯に味をつけてからにぎり、表面を乾かして焼くのが秘訣

網を使って直火で焼かなくても、フライパンで絶品の焼きおにぎりを作ることができます。コツは2つ。一つ目は、先にご飯に味をしみ込ませておくこと。二つ目は、にぎったら少しおいて、表面の水分をとばしてから焼くことです。こうして焼けばパリパリの香ばしい仕上がりに。あえて味にむらが残るようにざっと混ぜることも覚えておいて。

1個分
熱量 176kcal　塩分 1.3g

調理時間　約20分

※調理時間におにぎりを乾かす時間は含まず。

材料（4個分）

温かいご飯……400g
しょうゆ……大さじ2
削り節……1パック（4.5g）
サラダ油……小さじ1

1 味つけご飯を作る

ボウルに温かいご飯を入れて、削り節、しょうゆの順に加える。むらが残る程度にざっくりと混ぜる。a

2 三角ににぎる

1を4等分する。1つを手に取り、丸くまとめてから、手で上下面を押さえて平たくし、底を平らにするように押さえる。同時に反対の手で三角の山を作り、上から軽く押さえる。転がして同様に3つの角が整った山になるようににぎる。広い面が親指のつけ根のふくらみでへこんでしまったときは、表裏を返し両面ともなるべく平らに整える。

3 表面を乾かす

バットに並べて、約20分おいて乾かす。b

4 焼く

フライパンに油を広げ、おにぎりを並べてから中火にかける。表面をカリッと焼き上げるために、動かさずそのまま5分、上下を返して5分焼く。

5 側面を焼く

フライ返しやトングなどを使って一つずつ、転がしながらすべての側面を焼く（表と裏が焼けるとおにぎりがしっかりするので、立ててもくずれない）。焼き色がつき、表面全体が乾いたら器に盛る。

a わざと味のむらを残します

削り節を先に入れた上からしょうゆをかけることで、削り節のうまみを帯びたしょうゆがまんべんなくご飯にしみていきます。むらが残る程度にざっくり混ぜるのは、味や香りにメリハリをつけるため。

b すぐに焼かずに乾かして

ご飯の表面を乾かすのは、すぐに焼いてしまうとフライパンにご飯がくっついてくずれやすくなるため。このひと手間で焼き上がりも香ばしくカリッと。

覚えておいて 青ねぎの小口切りや、ゆでた青菜のみじん切りなどの野菜を加えるアレンジもおいしい。

いなりずし

いなりずしの奥深さは、手間を惜しまない調理工程にあります。特に、油揚げは甘辛い煮汁で「煮る・冷ます」を繰り返すことで、味がしっかりしみ込み、しょうゆの香りと甘さが落ちついて、味わいに奥行きのある皮になります。さらに、油揚げはこってり、すし飯はさっぱりと仕上げることで、味の対比が生まれ、絶妙なバランスが完成します。

冷ます時間が
いなりずしの味わいを
深くします

1 油揚げを袋にする

油揚げの上で菜箸を転がす。半分に切って袋状に開く。

2 ゆでる

口の広い鍋、または深めのフライパンに6〜7カップの湯を沸かし、油揚げを5分ゆでる。油揚げが浮いてきたら菜箸を逆さにして使い沈める（**こうすると油揚げが破けない**）。ざるに上げてから冷水に入れてやさしくもみ洗いし、水を換えてにごりがなくなるまで洗って油を落とす。2〜3枚を手ではさんで水けを切る。

3 煮る

鍋に煮汁の材料を入れ1〜2分煮立たせ、三温糖を溶かす（**こうするとみりんのアルコールもとぶ**）。油揚げを中央をあけて輪になるようにして並べ入れる。水でぬらして軽く絞ったキッチンペーパーをかぶせ、ふたをしないで弱火で20分煮て、油揚げが煮汁に少し浸っているくらいになったら火を止める。ⓐ

4 常温でおく

油揚げの上下を返し、ふたをして1時間おく（**こうするとゆっくりと冷えていく間に味がしみ込む**）。

材料（12個分）

油揚げ……6枚
米……2合
昆布（5×5cm）……1枚
しょうが（みじん切り）……2かけ分
白いりごま……大さじ1

●煮汁

水……2カップ
三温糖（または砂糖）……大さじ4
本みりん……大さじ4
しょうゆ……大さじ3

●すし酢

米酢（または穀物酢）……大さじ4
砂糖……大さじ1
塩……小さじ1/2

ⓐ 油揚げを上手に煮るための工夫

油揚げは輪のように並べて中央から熱を逃がすと煮立ち具合がほどよくなるだけでなく、煮汁が対流しやすくなり、味が全体にまわります。水でぬらしたキッチンペーパーをかぶせる理由も、味を均一にいきわたらせるため。あらかじめぬらしておくことで煮汁を吸い上げません。

ⓑ 寝かすことで油揚げが強くなります

調味料で煮込んだ後に時間をおくことで、味がなじむだけでなく、破れやすかった油揚げが調味料を吸って厚みが増し、硬くなります。

ⓒ 粘りを出さずに水分をとばす

しゃもじでご飯を切るようにすると、粘りを出さずに水分をとばすことができます。木製の飯台やしゃもじがいいのは、木がほどよく水分を吸ってくれるからです。

5 再び煮る

ふたをしたまま中火にかける。煮立ったらふたを取って弱火にして約10分煮る。水分が足りないようなら水を1/2カップ足す。煮汁が減って油揚げのふちに残る程度になり、鍋底が見えてきたら火を止める。

6 冷蔵庫で寝かす

粗熱が取れたら保存容器に入れ、半日〜1日冷蔵庫におく。b

7 米を炊く

米は炊く30分以上前にといでざるに上げる。炊飯器に米と水350mlを入れて、昆布を加えて炊く（昆布を入れて炊くと、ご飯のうまみが増す）。

8 すし酢を作る

小鍋にすし酢の材料を入れ、弱火にかけて軽く煮立たせる（これで酢の酸味がやわらぐ）。

9 すし飯を作る

昆布を取り除き、ご飯を飯台、または大きめのボウルにあけ、熱いうちにすし酢を全体にかけてしょうが、ごまを散らす。すし酢がなじむよう、そのまま1分おいたら、うちわなどであおいで冷ましながら、木のしゃもじで切るように混ぜ合わせる。c
粗熱が取れたら12等分にする。

10 油揚げの汁けを切る

油揚げ2〜3枚を手ではさみ、軽く汁けを切る（絞りすぎないように注意）。絞った煮汁は、取っておく。

11 すし飯を詰める

1個分のすし飯を半量ずつに分け、軽くにぎる。ゆっくり押すようにして油揚げの角までしっかり詰める（すし飯が手につくときは取っておいた煮汁を手につける）。残りを詰めたら口を折り込むようにたたんで閉じる。煮汁を手につけて油揚げになじませながら形を整えて、閉じたほうを下にして置く。1時間以上おいて味をなじませる。

1個分
熱量 177 kcal　塩分 0.8 g

調理時間　約 70 分

※調理時間に米をといで炊飯する時間、油揚げを冷やす、なじませる時間は含まず。

覚えておいて　油揚げを袋にせず、細い帯状に切って少量をすし飯に巻いて仕上げるとカロリーを減らせます。

かんぴょう巻き・鉄火巻き

素朴でシンプルだからこそ少しの時間とひと手間をかけて

すし飯の要点さえ覚えれば、好みの具材で手軽に作れるのが細巻きずしの魅力。すし酢は、白飯によく合うやさしい酸味の米酢を使い、砂糖は控えめに。調味料を合わせ軽く火を入れると一体感あるまろやかなすし酢になり、どんな具材とも合います。ご飯は、炊飯時に昆布を1枚入れて、うまみを存分に吸わせます。自家製のかんぴょう煮は作り置きにもむきます。

材料（各4本分）

かんぴょう（乾）……30g
まぐろ赤身（刺し身用サク）……150g
米……2合
焼きのり……全形4枚
昆布（5×5㎝）……1枚

●かんぴょうの煮汁
- 水……2カップ
- 砂糖……大さじ4
- 本みりん……大さじ4
- しょうゆ……大さじ3

●すし酢
- 米酢……大さじ4
- 砂糖……大さじ1
- 塩……小さじ1/2

塩……大さじ2
しょうゆ……大さじ2
水……1 3/4カップ

かんぴょう巻き1本で
熱量 187kcal　塩分 1.0g

鉄火巻き1本で
熱量 188kcal　塩分 0.9g

調理時間
約20分

※栄養計算値はまぐろのしょうゆ、かんぴょうの煮汁を30%摂取した場合の値。調理時間にかんぴょう煮を作る時間、まぐろの漬け込み時間、米の炊飯時間は含まず。

1 かんぴょうのアクを取る

かんぴょうはさっと水に浸け、軽く水けを絞る。ボウルに戻し入れ、塩をからめて約1分もむ（**かんぴょうの繊維がやわらかくなり、アクが出てくる**）。ボウルの水を何度か換えながら塩とアクをしっかり洗い流す。

ⓐ かんぴょうは下ゆでして
かんぴょうはやわらかくならないと切りにくいので、下ゆでしてから切ります。ゆでることで、調味料の味わいもなじみます。

2 下ゆでする

鍋に1を入れ、水をかぶるくらいに加え、強火にかける。煮立ったら、弱火で10分煮る。ⓐ ざるに上げて水けを切り、粗熱を取る。20～30cm長さに切り、幅が広いようなら重ねて半分の幅に切る。

3 煮る

鍋に2を入れ、煮汁の材料を加えて混ぜ、中火にかけて煮立たせる（**これでみりんのアルコール分をとばす**）。弱火にし、約30分煮て火を止めてコンロから下ろす。煮汁ごとそのまま冷やし、半日以上おく（**深みのある味わいになる**）。※翌日以降も保存するなら保存容器に移して冷蔵庫に入れる。

4 まぐろを漬ける

まぐろは1cm厚さに切り、さらに幅を2～3等分にして1cm角の棒状に切る。バットに入れてしょうゆを加え、すべての面にしょうゆがふれるようにからめ、ラップをして冷蔵庫で20分以上おく。

5 米を炊く

米はといでざるに上げ、30分～1時間おく（**水分をほどよく含む**）。水、昆布を加えて、炊く。b

6 すし酢を作る

小鍋にすし酢の材料を入れ、弱火にして煮立たせないように注意しながら調味料を溶かす。c

7 すし飯を作る

ご飯から昆布を取り除き、大きめのボウルにあける。すし酢を全体にまんべんなくいきわたるようにかけ、1分おく。うちわであおぎながら、木のしゃもじで切るようにほぐし、粗熱を取る。d 8等分に分けておく。

8 のりを準備する

のりは重ねて、大きく入った筋と平行に包丁を入れ、半分に切る（**キッチンばさみではなく、包丁で切ったほうがくずれずきれいに切れる**）。巻きすの平らな面を上にしてまな板に置き、巻きすの上にのりの光沢がある面を下にして置く。

9 すし飯と具をのせる

酢水（水：酢＝1：1〈分量外〉）を作っておく（**手を酢水でぬらしておくとすし飯がつかず作業しやすい**）。のりに分けたすし飯1つをのせて、のりの奥1〜2㎝、手前0.5㎝を残し、全体に広げる。具がのる中央をへこませる（**わさび〈分量外〉を入れたいときは、具をのせる前にへこみに薄くぬる**）。まぐろ、または、かんぴょうをのせる。すし飯がのっていないのりの奥に酢水を薄くぬる（**糊の役割をする**）。

10 巻く

具が真ん中になるように指先で押さえながら、親指で巻きすを立ち上げて引き寄せ、手前と奥のあけておいたのりの部分を合わせるようにし、すし飯をまとめるように一気に巻く。巻き終えたら、酢水を薄くぬった部分を押さえて細巻きを閉じる。巻きすの上から形を整える。

11 切る

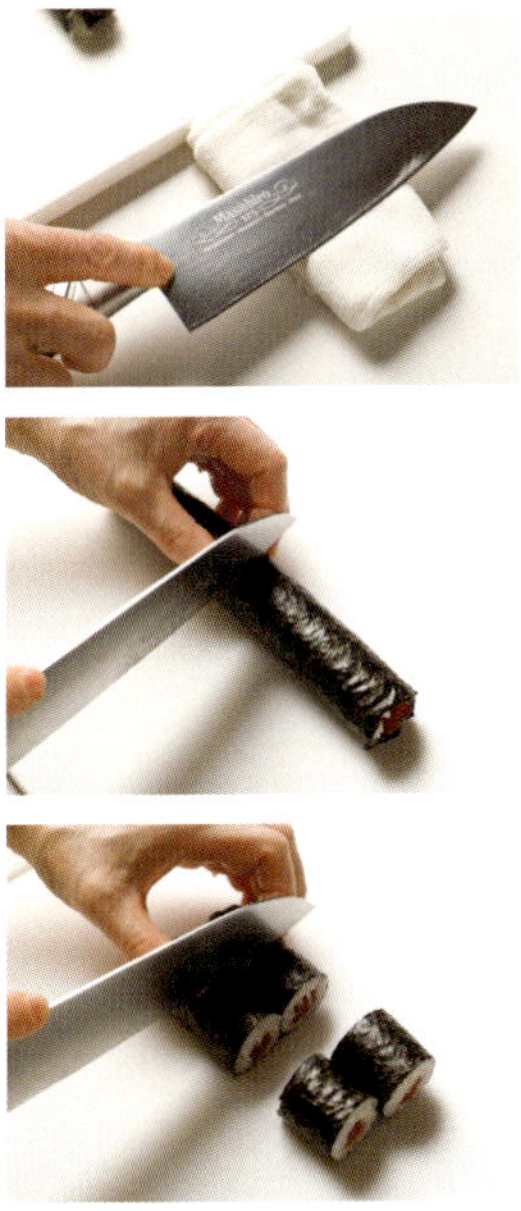

ぬらして固く絞ったふきんで包丁をぬらす（**すし飯がくっつかない**）。はじめに2等分に切り、並べてからさらに3等分に切る。 同様にして鉄火巻きとかんぴょう巻きを4本ずつ作る。

---

b うまみたっぷりに炊き上げて

昆布を入れていっしょに炊くとうまみが米に移ります。炊いた後も昆布にはうまみがまだ残っているので煮物などに活用して。

c 加熱で一体感のあるすし酢に

火にかけなくても混ざりますが、加熱しながら溶かすことで味わいに一体感のあるすし酢になります。

d 粘りを出さないように

ご飯に粘りを出すことなく、すし酢を吸わせ、手早く粗熱を取って水分をとばしたいので、しゃもじを立たせて切るようにほぐします。

覚えておいて　具に細切りにしたきゅうりやごまなどを加えてヘルシーに。

しょうゆを加えて生まれる深い味わい

「しょうゆ梅干し」を作ってみましょう

梅が旬の時季に梅干しや梅酒などを作ることを「梅仕事」といいます。中でも梅干しは今でも日本の多くの家庭で手作りされる和の保存食。通常は塩だけで漬けますが、しょうゆを加えた「しょうゆ梅干し」に挑戦してみませんか？　梅にしょうゆのうまみが加わり、ぐんと味わいが深くなるほか、塩だけより塩分控えめで仕上がるのもいいところ。漬け汁は「梅しょうゆ」として万能調味料になります。少量の梅で手軽に作れるレシピを紹介します。

●梅のこと

5月ごろに青梅が出始めますが、梅干しにするには6月ごろから出回る黄色くなった完熟梅を使います。

●用意するもの

梅（完熟）……500g
しょうゆ……100ml
粗塩……20g
焼酎（25度以上、あれば35度の甲類）……適量

●必要なもの

- **スプレー容器**
（焼酎を入れる・100mlくらいのサイズ）1個
- **ジッパーつき保存袋**
（17×19cmくらい）2枚
※すき間ができないよう小さめ
- **梅干しの保存容器**
（11×15cmくらい）1個
※すき間ができないよう小さめ
- **梅しょうゆの保存びん**
（容量200mlくらい）2個
※ふたをしっかりできるもの
- **バット**
（15×22cmくらい）2枚
- **竹ざる**　（直径30〜40cm）1枚

1 梅をきれいにする

梅はよく洗い、へたを竹串でていねいに取り、ボウルにはった水に約1時間浸す。ⓐ ざるに上げ、キッチンペーパーで水けを十分に拭き取ってバットに並べる（梅を傷つけないようにていねいに扱う）。

2 焼酎と塩をふり、30分おく

焼酎を梅にまんべんなく吹きかける（殺菌になる）。ジッパーつき保存袋に入れて塩を加える。袋をゆするようにして全体にからめて30分ほど、袋の端に水分がたまるくらいまでおく。ⓑ

ⓐ 梅をていねいに下処理します
へたを取り除くのは、雑菌がつきやすく、カビの生えるきっかけになるからです。水に浸すのは水溶性の梅の苦みを除くためです。

ⓑ 塩をからめてしみ込ませやすく
塩を全体にからめる理由は、塩で梅の表面を傷つけて水分を抜き、しょうゆがしみ込みやすい状態を作るため。もみ込む必要はありません。

3 しょうゆを加える

しょうゆを加えて、袋をゆすって水分や塩といっしょに梅になじませる。なるべく空気が入らないようにして袋を閉じる（空気にふれる面積が増えるほどカビのリスクが高まるため、できるだけ空気が入らないようにする）。もう1枚の保存袋に入れて二重にして密閉する。

4 袋を平らにして、常温で1週間漬ける

バットに保存袋を平らに置き、もう1枚のバットを上にのせて、水の入ったペットボトルなど1kgくらいの重しをのせる。常温におき、1日1回上下を裏返すようにして7日間漬ける（上下を返すことで均等に漬かる）。ⓒ

5 袋を立て、冷蔵庫で3週間保存する

保存袋を立てた状態で、冷蔵庫に入れて3週間くらい漬ける。ⓓ

6 天日に干す（6時間×3日間）

【梅を干す】

天気のよい日に梅を保存袋から取り出して竹ざるに互いにくっつかないように並べる（金属製のざるは梅が傷つくので避ける）。直射日光の当たる場所で1日6時間ずつ3日間、天日に干す（午前8〜9時から午後3時くらいまでが理想）。2時間ごとに梅の上下を返すようにする（干しむらを防ぐ）。袋に残った液体（梅しょうゆ）は、焼酎を吹きかけて清潔にした保存びんなどに入れ冷蔵庫で保管する。

ⓒ 重しをすることによって味の入りがよくなります

重しをのせる理由は、全体にしょうゆをいきわたらせるためと、梅から水分を出し、しょうゆを入りやすくするためです。このとき、保存袋に空気が入っていると重しの効果が減ってしまうので注意して。常温で1週間漬けると、梅の実がややわらかくなり液量が増えます。

ⓓ 立てることに意味があります

保存袋を立てて冷蔵庫に入れると、梅が積み重なった状態のため、梅自身の重みで負荷がかかり、よりやわらかくなっていきます。液体に十分浸っていればカビの心配はありません。

ⓔ 保存容器は小さめで

取り込んだ梅を入れる保存容器は小さめを選びます。ぎゅっと詰めてほどよい圧がかかるように入れると、よりやわらかくなります。

ⓕ 連続で干せないときは合計18〜20時間を目安に

「干す→取り込む」を連続して3日間行うのが理想ですが、天候不良などで干せない日があったらその日は休みます。その場

【梅を取り込んだ後】

1日目は、干した梅を取り込んだら、焼酎を吹きかけて清潔にした保存容器に入れる。ⓔ 梅しょうゆを大さじ3くらいかけ、容器をゆすって全体にまんべんなくからませてから冷蔵庫に入れる。2日目以降は保存容器に残った梅しょうゆをからめて冷蔵庫に入れる（梅しょうゆが足りずにからめにくい場合は保存しておいた梅しょうゆ大さじ1～2をかける）。

7 干し上がりを確認する

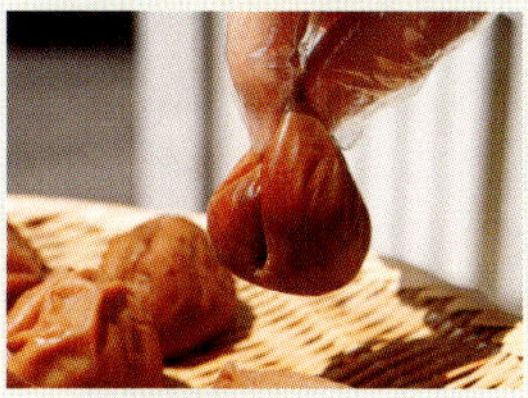

3日目の干し終わりで、梅に十分なしわが寄り、はりがなく、つまんで持ち上げられるくらいになったら、干し上がり。梅の状態に合わせて、必要ならさらに天日干しを追加する。ⓕ 保存しておいた梅しょうゆは清潔な容器に移し替え、1時間日光に当てる。

8 寝かせる（3カ月以上）

焼酎を保存容器に吹きかけて清潔にする。梅干しを保存容器にぎゅっと詰める（きっちりすき間なく詰めることで、梅干しをよりやわらかくし、カビの発生も防げる）。梅干しが乾燥しないように梅しょうゆを大さじ1くらいかける（これで皮がやわらかくなる）。しっかりふたをして冷蔵庫で3カ月以上寝かせる。ⓖ

しょうゆ味の梅干しは、梅の酸味とともに、まろやかなしょうゆのうまみが広がる果肉が絶品。白いご飯に合わせたら、とびきりのおいしさです。

合は梅の収縮が弱くなるため、次に干す日は少し長めに干します。梅が小さいときは2日程度でも仕上がります。梅が大きく、十分なしわが寄らなかったり、曇天続きのときは、4日目の天日干しをして、合計の干し時間が18～20時間になるようにします。

ⓖ 梅しょうゆをかければ皮がやわらかく

硬い皮が好みの場合は最後の梅しょうゆをかけずに保存します。すぐにでも食べられますが、3カ月以上寝かせることで塩角が取れ、種ばなれもよく、風味豊かに仕上がります。「梅しょうゆ」は冷蔵庫で保管しながら、調味料としてさまざまな料理に活用できます。※梅干しにカビが発生したときは、その部分を取り除きます。

覚えておいて

昔ながらの塩のみで漬ける自家製梅干しは塩分18～22％。
しょうゆ梅干しは1個あたり塩分2.2g、約8％と控えめに仕上がります。※13個分とした場合。

「おいしい理由」がよくわかる
キッコーマン特選
基本の和ごはん
キッコーマン編

2025年1月27日　初版第1刷

発行人　石川和男
発行所　株式会社小学館
〒101−8001　東京都千代田区一ツ橋2−3−1
編集　03-3230-5446
販売　03-5281-3555
印刷　TOPPAN株式会社
製本　株式会社若林製本工場

ISBN 978-4-09-311584-1

デザイン／山川香愛（山川図案室）
撮影／髙杉 純
協力・Web連載執筆／峯田亜季
編集　片山土布
制作　渡邉和喜　久保結菜　遠山礼子
販売　金森 悠
宣伝　秋山 優

レシピ開発&監修
小田真規子
料理研究家、フードディレクター、栄養士。スタジオナッツ代表。各メディアでオリジナルレシピを発表するほか、料理本の出版、企業へのレシピ提案、商品開発・販促へのアドバイスで活躍。

キッコーマン担当者

杉森一広
料理雑誌編集長として数多くの料理書編集を経験した後、キッコーマンに。現在は経営企画室に所属し、レシピサイト「ホームクッキング」編集長。

市川真規
キッコーマンに入社後、営業職を経て経営企画室に。キッコーマンのレシピサイトやアプリ運営、イベント企画の実務に携わる。

キッコーマンの調味料
この本では下記の調味料を使用してレシピを開発しました。
ぜひお使いになってみてください。

キッコーマン いつでも新鮮 しぼりたて 生しょうゆ
キッコーマン いつでも新鮮 こく旨リッチ 特選丸大豆 しょうゆ
キッコーマン 特選丸大豆 しょうゆ
マンジョウ 米麹 こだわり仕込み 本みりん
マンジョウ 国産米 こだわり仕込み 料理の清酒

この本はWeb連載「キッコーマン　基本の和食、おうちの和ごはん」をもとにして再構成・加筆したものです。
https://www.kikkoman.co.jp/homecook/washoku/
レシピサイト「キッコーマン　ホームクッキング」https://www.kikkoman.co.jp/homecook/